Monika Kiel-Hinrichsen

Wendepunkte

Monika Kiel-Hinrichsen

Wendepunkte

Biografie bewusst gestalten

Urachhaus

Ausgangspunkt dieses Buches ist eine Artikelserie in der Zeitschrift *a tempo,* die ich im Folgenden vertieft und erweitert habe. Zum Schutz der Personen, deren Biografien zur Verdeutlichung des Gesagten herangezogen wurden, habe ich wo nötig deren Namen geändert.

Weitere Bücher der Autorin:

Warum Kinder trotzen. Phänomene, Hintergründe, pädagogische Begleitung (Neuausgabe Stuttgart 2013)

Wackeln die Zähne, wackelt die Seele. Der Zahnwechsel. Ein Handbuch für Eltern und Erziehende (gemeinsam mit Renate Kviske; 17. Auflage Stuttgart 2018)

Warum Kinder nicht zuhören. Ein Ratgeber für Eltern und Erziehende (5. Auflage Stuttgart 2017)

Pubertätssprechstunde. Jugendliche verstehen – Praxiserprobte Hilfen – Pubertät als Chance (gemeinsam mit Helmut Hinrichsen; 2. Auflage Stuttgart 2014)

Die Patchworkfamilie. Zusammenleben – zusammenwachsen (Neuausgabe Stuttgart 2014)

ISBN 978-3-8251-7953-3

2. Auflage 2019
Erschienen im Verlag Urachhaus
www.urachhaus.com

ⓔ auch als eBook erhältlich

Umschlaggestaltung: Ursula Weismann
Umschlagbild: © shutterstock/CHAINFOTO24
Gesamtherstellung: CPI books GmbH, Leck

Inhalt

— Der Mensch als »Autor«
seiner persönlichen Biografie 9

— Biografische Krisen als Aufwach-
und Wachstumserlebnis 15

Die Krise als Sprache des höheren Ich 15

Übergänge und Krisen in der Kindheit und Jugend 28

— Wendepunkte in der Biografie 37

Von der Abhängigkeit zur Autonomie:
Trotzalter, Zahnwechsel und 9. Lebensjahr . . . 37

Stürmische Zeiten:
Vorpubertät, Pubertät und Adoleszenz 45

Endlich erwachsen: Die Ich-Geburt mit 21 Jahren 54

Zwischen Sinn und Routine: Die Jahre zwischen
21 und 35: Weichenstellungen – Sackgassen –
Befreiungsschläge 61

Auf der Gipfelhöhe des Lebens:
Die Jahre zwischen 35 und 42 –
Midlife-Krise 70

Aufbruch zu neuen Ufern:
Die 40er-Jahre – Marsphase 78

Herbst in der Biografie:
Die Jahre um 50 – Jupiterphase 84

Das Wesentliche erkennen und vom
Unwesentlichen trennen:
Die Jahre von 56 bis 63 – Saturnphase 89

Das Steuer übergeben und zu eigenen
Ufern aufbrechen: Die Jahre von 63 bis 70 95

Wie auf Adlers Schwingen der untergehenden
Sonne entgegen:
Die 70er-Jahre und was danach kommt 100

— Metamorphose und polarer Ausgleich
in der Biografie 107

— Mit dem Schatten unterwegs –
Doppelgängerwirkungen in der Biografie 115

— Behinderung in der Biografie –
Am Leben gehindert sein 123

— Krankheit und Tod in der Biografie 129

Anmerkungen 139
Literatur 141

Der Mensch als »Autor« seiner persönlichen Biografie

Die Biografie, der persönliche Lebenslauf, ist das Kostbarste und ganz Einmalige, das jeder Mensch in sich trägt.
Unser Lebensmanuskript, dessen Inhalt von uns, unseren Eltern und den vielen anderen Begegnungen und Erfahrungen handelt und das wir im täglichen Leben immer wieder neu auf der Lebensbühne zur Inszenierung bringen, besteht aus verschiedenen Kapiteln. Je nach unserem Lebensalter und den Lebenserfahrungen kommen sie in drei großen Akten zur Aufführung.
Das Besondere daran ist, dass wir auf der Lebensbühne mehrfach vertreten sind: als Regisseur, als Dramaturg, als Bühnenbildner, als einzelne Schauspieler und zu guter Letzt auch als der Zuschauer.

Der *erste Akt* ist die Zeit unserer Kindheit und Jugend, in der sich unser Körper aufbaut und entwickelt, was in unmittelbarem Zusammenhang mit unserer Umgebung steht. Welche Bedingungen bringe ich mit? Wie ist meine konstitutionelle Beschaffenheit, wie meine Temperamentsanlage? Es ist ein Unterschied, ob ich die »Welt« mehr als ein melancholisch geprägtes Wesen wahrnehme oder mehr cholerisch oder phlegmatisch geprägt.
Welche Menschen haben an meiner Erziehung mitgewirkt? Konnte ich Vorbilder erleben, die ich nachgeahmt habe?

Sinneswahrnehmungen, Gewohnheiten, Rhythmus im Lebensalltag und Stimmungen in der Umgebung legen das Wurzelwerk für Gesundheit und Krankheit und das Soziale im späteren Leben. Durch das Beispiel von Eltern und Erziehern bilden sich negative und positive Gesten sich selbst und anderen Menschen gegenüber.
Welche Schicksalserfahrungen gehören in die Kindheit, die vielleicht für Schadstellen an den Wurzeln gesorgt haben? Als Kind in der Kriegszeit aufgewachsen zu sein, in der Fliegeralarm die Umgebung in Angst und Schrecken versetzt oder Flucht zu einer Trennung von den Eltern geführt hat, bedeutet oft im späteren Alter, sich mit den Folgen auseinandersetzen zu müssen. Eine Scheidung der Eltern ist ein existenzieller Verlust, der bis in die Leiblichkeit hinein zum Ausdruck kommen kann. Bauchweh, Schlafstörungen oder sich besonders für einen Elternteil anzustrengen sind Phänomene, die eine Biografie tief zeichnen können.
Wie viel Freiheit oder Grenzen, aber auch Fürsorge und Anteilnahme habe ich in der Zeit des Heranwachsens erfahren? Wie wurde mit meiner Intimsphäre umgegangen?
In der Pubertät beginnt die Biografie eine mehr und mehr persönliche Handschrift zu bekommen, der Jugendliche will und muss sich von den Eltern und Erziehern lösen, um nun seine sich öffnende Seele am Du, an der Welt zu erfahren. Das Tor hin zum anderen Geschlecht wird durchschritten.

Der *zweite Akt* beginnt mit dem Erwachsensein und endet um das 40. Lebensjahr. Der Regisseur setzt das Lebensmanuskript tastend in Szene, auf der Bühne des Lebens

wird es lebendiger. Wir begeben uns mit unserer Seele weit hinaus, vergleichbar mit dem Stängel und den Blättern einer Pflanze, um dort Erfahrungen sammeln zu können, die sich in einer Knospe ballen, um später blühen, reifen und Früchte tragen zu können.

Zwischen 20 und 40 lernen wir unser Innenleben individuell umzubilden und zu beherrschen. Verschiedenste Darstellungen werden als Schauspieler selbst übernommen, um dann in zunehmender Freiheit alte Rollen abzulegen und beruflich und gesellschaftlich Ideale zu verwirklichen. Viele Beziehungen münden nun in Familien. Zunehmend findet die Entwicklung des persönlichen Bewusstseins zum Zwecke eines inneren Ordnungschaffens statt.

Diese Zeit, meist um die Lebensmitte, geht oft mit Lebensfragen einher, die einen unmittelbaren Bezug zum ersten Akt haben können. Gerade im Beziehungsleben kommt es zu Situationen, in denen sich unsere Erfahrungen mit den eigenen Eltern widerspiegeln und die von uns neu gestaltet werden wollen.

Aber auch Begegnungen anderer Art können uns so herausfordern, dass sie eine seelische Krise zur Folge haben. Diese beinhalten immer einen Aufforderungscharakter, an sich etwas wahrzunehmen und zu ändern.

So wird das Leben selbst unser Erzieher – der Edelstein wird geschliffen, um im *dritten Akt* in seiner Klarheit und individuellen Schönheit zum Vorschein zu kommen.

Dieser Prozess ist oft schmerzhaft, und leicht stößt man mit seiner eigenen Biografie an Grenzen, die alleine nicht aufgehoben werden können. Hier setzt dann die Biografiearbeit als »seelisch-geistige Geburtshilfe« an und unterstützt den Menschen darin, seine »ganz persönliche Blüte« zu entfalten.

Je älter wir werden, desto mehr nähern wir uns der geistigen Seite unserer Biografie, dem Bedürfnis, in unserem Denken, Fühlen und Handeln immer authentischer mit uns selbst und mit unserem geistigen Urbild zu werden.
Im Lebensmanuskript müssen nun Anfang, Mitte und Ende zusammengebracht werden, damit es zu einem Abschluss kommen kann.
Nicht selten muss der Protagonist in dieser Lebensphase noch einmal verstärkt an sich arbeiten. Er wird zum Zuschauer seines eigenen Stückes. Alle Unebenheiten in der Persönlichkeit sind beim Schleifen des Edelsteins hervorgetreten und wollen nun erkannt und geglättet werden. Oft gelingt es an dieser Stelle, den Zusammenhang der verschiedenen Akte zu erhellen, sodass ein Verständnis und eine Dankbarkeit gegenüber der eigenen Biografie und dem oft weisheitsvollen Wirken darin entsteht und der letzte Schliff getan werden kann.

Biografische Krisen als Aufwach- und Wachstumserlebnis

Die Krise als Sprache des höheren Ich

— Ruth P. kommt auf Anraten ihres Arztes zu einem Erstgespräch in die Biografiearbeit. Seit geraumer Zeit leidet sie unter Schlafstörungen und depressiven Verstimmungen.
Sie ist seit einem halben Jahr arbeitslos, da der Betrieb aus finanziellen Gründen Stellen reduzieren musste. Sie hat seit zwölf Jahren als Sekretärin dort gearbeitet, war zwar öfter mal unzufrieden, hatte sich aber mit dieser Arbeitsstelle arrangiert. Die Kündigung habe sie wie ein Schlag getroffen, betont sie in unserem Gespräch und ringt mit den Tränen. Aber das sei ja nun schon ein halbes Jahr her. Fragend und etwas verzweifelt schaut sie mich an.

Wer kennt sie nicht, die Krise, die einem von heute auf morgen den Boden unter den Füßen wegzuziehen droht. Manchmal ist die Sprache laut und deutlich: eine Kündigung des Arbeitsplatzes wie bei Ruth, eine schwere Krankheit, die Trennung von einem Partner oder der Verlust eines Menschen durch Tod. Aber auch andere bedeutsame Ereignisse im Lebenslauf, wie eine herausragende Begegnung mit einem Menschen, eine Heirat oder die Geburt eines Kindes, können plötzlich unseren Alltag verändern und eine Krise auslösen. Nicht selten vollzieht sich der

Weckruf auch leise im eigenen Inneren, unmerkbar für die Außenwelt.
Wir nehmen dies als einen inneren Dialog wahr, der ungewollt in das Alltagsgeschehen eingreifen kann. Man spürt vielleicht, dass alte Gewohnheiten nicht mehr tragen, dass das Bild, welches man von sich selbst hatte, nicht mehr stimmt: Der Spiegel, in die eigene Seele gehalten, offenbart auf einen Blick die Ungereimtheiten, Bequemlichkeiten oder Illusionen über sich selbst.
Auch hier haben wir ein Aufwacherlebnis, allerdings mehr in uns selbst. Meistens geschieht dies etwas sanfter, mit leisen Übergängen. Verschlafen wir diese, wird halt lauter geweckt.
Die Krise als ein biografisches Aufwacherlebnis? Etwas kommt von außen an uns heran, um uns zu wecken, vielleicht, damit wir etwas nicht verschlafen?

— Ruth beginnt auf mein Fragen von den Geschehnissen, den Gedanken und Gefühlen der letzten Monate zu erzählen. So ein Rauf und Runter habe sie selten mit sich erlebt. Manchmal hatte sie das Gefühl, zum »Schlimmsten« fähig zu sein.
Für Ruth, 47 Jahre, alleinstehend, bedeutete der Beruf alles. Oft nahm sie sich Arbeit mit nach Hause, denn Zeit hatte sie ja genug, nachdem sie sich vor fünf Jahren von ihrem Mann getrennt hat, betont sie. Sie wirkt plötzlich ganz lebendig, hat leicht gerötete Wangen – bis ihr ihre jetzige Lebenssituation wieder einfällt. Ruth sackt in sich zusammen, möchte verstehen, wozu das alles gut sein soll …

Wessen Weckruf erreicht uns denn in einer Krise? Wer könnte ein Anliegen haben, uns derart aus dem Alltag aufzuschrecken, wie wir es bei Ruth erleben können?
Unser höheres Ich leuchtet aus der Zukunft in die Gegenwart hinein, beleuchtet sozusagen das in der Vergangenheit Gewordene, um zu prüfen, wo wir stehen, ob wir noch unser Ziel im Auge haben.
Mit der Geburt entlässt unser höheres Ich unsere Seele, damit diese Stufe für Stufe von der »Himmelsleiter« heruntersteigen und sich zunehmend mit unserer Leiblichkeit verbinden kann. Es selbst bleibt auf der obersten Stufe der Leiter in der geistigen Welt zurück. Von hier aus wirkt es dann peripher in unsere Biografie hinein und trägt uns schicksalbestimmende Ereignisse entgegen, durch welche wir uns weiterentwickeln können. Unser höheres Ich »inszeniert« unserem Alltags-Ich sozusagen die Krisen, womit gemeint ist, dass das, was uns geschieht, auch immer etwas mit unserem Entwicklungsauftrag in diesem Leben zu tun hat.

— Mein Ziel ist es, mit Ruth dieser Wahrheit in kleinen Schritten näherzukommen.
Aber zuvor müssen noch Hürden, die in einer Krise zu überwinden sind, genommen werden. Wir begeben uns in die Jahre vor ihrer Arbeitslosigkeit: Ruth erzählt von dem Motiv, sich von ihrem Mann zu trennen. Der Trennung war ein beiderseitiger Entwicklungsstillstand vorausgegangen. Sie hatte das Gefühl, sich neben ihm nicht weiterentwickeln zu können, außerdem gab es ein Alkoholproblem. Die Trennung hat sie sehr viel Mut gekostet, und sie war anschließend auch in ein

tiefes Loch gefallen, aber anders als heute. Damals hatte sie Ziele vor Augen!
Eigentlich wollte sie noch einmal eine Weiterbildung machen, reisen und sich überhaupt mehr um sich selbst kümmern. Sie stockt ... Ja, dazu habe sie ja jetzt genug Zeit. Sie lacht etwas bitter.
Ich bitte sie, mir von ihren früheren Zielen zu erzählen und vor allen Dingen davon, wer oder was sie davon abgehalten hat, diesen zu folgen.
Auf meine Frage, wie sie die letzten Monate seit der Kündigung überstanden hat, berichtet sie von den denkwürdigsten Zuständen, die sie manchmal an ihrem gesunden Menschenverstand haben zweifeln lassen.
Ich nehme diesen Moment zum Anlass, Ruths persönliche Krise in einer Krisenkurve aus einer objektiven Perspektive heraus zu betrachten, und bitte sie, sich darin einzuordnen.

Was geschieht in einer Krise? Sie wird in der Regel durch eine eingreifende Veränderung ausgelöst, die oft einen Schockeffekt nach sich zieht. Man fühlt sich wie betäubt, oft nicht fähig, einen klaren Gedanken zu fassen, geschweige denn zu handeln, was völlige Verhaltensänderungen nach sich ziehen kann: Extrovertierte ziehen sich plötzlich zurück, Introvertierte beginnen wie ein Wasserfall zu reden. Auf Nachfragen wird das Ereignis verleugnet, wie ausgeblendet, bagatellisiert. Der verlassene Ehemann ist sich sicher, dass seine Frau zurückkehren wird. Oder die Krankheit ist sicher nicht so schwerwiegend, vielleicht sind die Diagnoseunterlagen vertauscht worden. Sätze wie »Ich werde das schon schaffen« oder »Das macht mir nichts

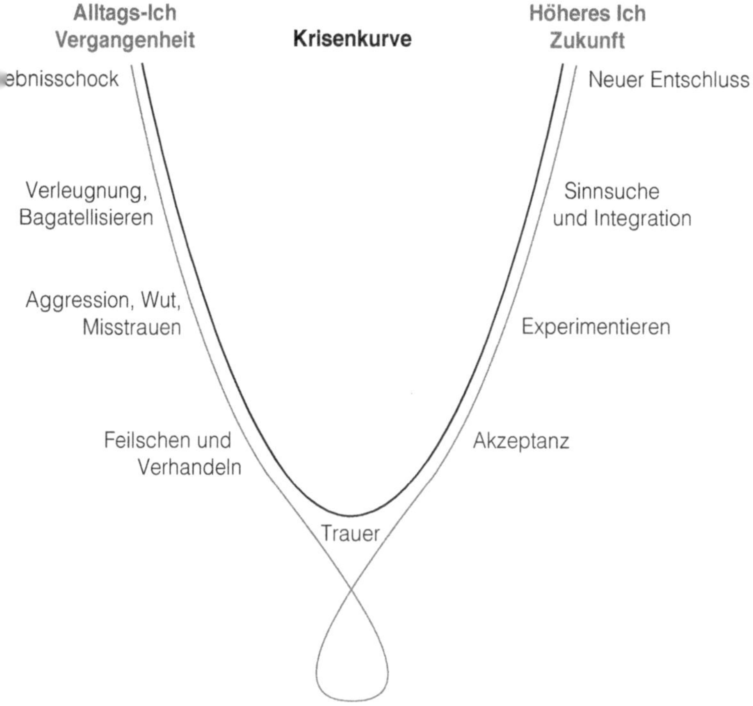

aus« sind signifikant für diese Phase. Die Realität wird manchmal für Tage bis Wochen ausgeblendet, was dem Betreffenden einen Schutzraum nach außen bietet, in dem er ausruhen kann. Diese »Ruhe vor dem Sturm« stellt eine Bewältigungsstrategie angesichts der großen Herausforderung dar, die eine Lebenskrise mit sich bringt.
Im Unterbewussten kommen allerdings bereits Gefühle zum »Kampf« auf. Eine innere Verhärtung hat stattgefunden, die sich nun in Ärger, Wut, Misstrauen bis hin zu Hass

zeigen kann. Schuldige werden gesucht: die Kollegen, die nicht genügend Informationen gegeben haben, oder die Ärzte, denen schon früher etwas hätte auffallen müssen. Hat man selbst bereits eine Veränderung als Folge einer inneren Krise vollzogen, dann entstehen in dieser Phase oft tiefe Zweifel, gepaart mit Selbstvorwürfen bezüglich der Entscheidungen.

Hierauf werden noch einmal als letzter Versuch alle Kräfte mobilisiert, um den alten Zustand aufrechtzuerhalten. In der Krisenforschung, etwa bei der Sterbeforscherin Elisabeth Kübler-Ross, spricht man daher vom »Feilschen« oder »Verhandeln«:[1] »Wenn ich gut in der Schule bin und Mutti mehr helfe, kommt Vati bestimmt wieder«, denkt das verlassene Kind. »Wenn ich abnehme und Sport treibe, wird sie mich wieder attraktiver finden«, denkt der verlassene Ehemann. Mit allen inneren und äußeren Überredungskünsten wird an den alten Strukturen festgehalten.

Was fürchtet der Mensch in dieser Lebenssituation? Ist es das Loslassen der alten Gewohnheiten, des Vertrauten, in dem man sich sicher fühlte? Oder ist es der Abgrund, die Schwelle, die man übertreten muss, um in neue, ungewohnte Räume vorzudringen?

Der tiefste Punkt in einer Krise ist immer gleichzeitig Abgrund, Begegnung mit sich selbst und seinen Schattenaspekten, Stagnation und Umkehr zugleich. Verwandlung, die dann von erster Akzeptanz und dem Loslassen vergangener Zeiten geprägt ist.

Diese Phase scheint die schwerste für viele Menschen zu sein, denn nun kann die Realität nicht länger verleugnet werden. Ärger geht in ein tiefes Verlustgefühl über, lässt

die Trauer an die Oberfläche kommen. Oftmals brechen hier all unsere verborgenen Lebensängste mit auf, Gefühle von Lustlosigkeit, Gleichgültigkeit, Angst und Verzweiflung drängen jetzt an die Oberfläche.
Dieser tiefste Punkt einer Krise ist die Durchgangsphase, in der die Zukunft sich leise vorzubereiten beginnt. Unsichtbar sprießen unter der Oberfläche der verschiedenen Gefühle Keime für eine weitere Entwicklung. Sie drücken sich in einem ersten Überdruss dieses Lebensgefühls der Aussichtslosigkeit aus: »So kann es doch nicht weitergehen!«
Häufig suchen Menschen an dieser Stelle Hilfe in der Biografiearbeit, Lebensberatung oder Psychotherapie.

— Ruth hat gebannt die Krisenkurvenbeschreibung verfolgt. Immer wieder nickt sie zustimmend und erzählt ihre eigenen Erlebnisse dazu. Sie hat über Wochen niemandem von ihrer Kündigung erzählt, in der stillen Hoffnung, dass ein Wunder geschehe. Dabei wurde sie zunehmend skeptischer, misstrauischer den Kolleginnen gegenüber. Oft hatte sie den Eindruck, diese sprächen über sie.
Dann kamen regelrechte Rachegedanken. Sie kramte in ihren Erinnerungen und sammelte Minuspunkte gegen eine jüngere, etwas unzuverlässige Kollegin. Die sollte doch gehen. Sollte sie dem Chef nicht kleine Verfehlungen »stecken«? Sie kannte sich selber nicht wieder in ihrer Gehässigkeit.
Zu Hause führte sie heftige Monologe; sogar alte Wutgefühle, die sie ihrem Mann, überhaupt allen Männern gegenüber hatte, traten hervor. Am schlimmsten war es aber, als sie den Wunsch spürte, es noch einmal mit allen Kräften zu versu-

chen, sich bei ihrem Chef einzuschmeicheln. Sie nahm noch mehr Aufgaben mit nach Hause, um zu zeigen, wie viel ihr das Unternehmen bedeutete. Erst als der Chef ihr unmissverständlich zu verstehen gab, dass er seine Entscheidung getroffen habe, empfand sie tiefe Scham für ihr Verhalten, aber auch tiefe Verzweiflung: Sollte ihr eine Zukunft als Hartz-IV- Empfängerin bevorstehen?
Waren es erst die Schlafstörungen, kamen jetzt die depressiven Verstimmungen hinzu, die sie lähmten. Aussichtslosigkeit machte sich in ihr breit. Zukunftsängste, Angst vor dem Altwerden …
Ruth weint eine Weile, dann schaut sie fragend auf die rechte Seite der Krisenkurve: »Und wie kommt man da wieder raus?«

Blicken wir an dieser Stelle in den Verlauf der Krisenphasen zurück: Eine eingreifende Veränderung hindert uns an einem linearen Verlauf unserer Biografie. Wir bekommen ein Thema von unserem höheren Ich gestellt, das uns zur Selbsterkenntnis und Selbsterziehung herausfordert. Ein Entwicklungszyklus lässt sich beobachten, der einen bestimmten Verlauf hat (siehe die Skizze auf Seite 19), in dem wir uns in der ersten Hälfte wie in einem Vakuum befinden, das mit einem »Selbstbesinnungsraum« vergleichbar ist.
Viele Menschen verbrauchen ihre Kraft, um auf der Seite ihres »Alltags-Ichs« zu bleiben, stecken fest in ihrer Krise, verharren in einer Depression, die sie vom Leben abschneidet. Sie vermeiden den tiefsten Punkt der wirklichen Trauer um den Verlust von etwas Altem, das ihnen für eine Zeit ihres Lebens gedient hat, und verhärten; sie verdrängen den Entwicklungsauftrag.

Sind wir jedoch durch diesen tiefsten Krisenpunkt geschritten, erleben wir eine Umkehr in unserem Innern, die sich in einer ersten Akzeptanz des Verlustes zeigt: »So ist es jetzt!«
Die in der Dunkelheit der Krise gebildeten Keime werden nun stärker, sie beginnen zu sprießen und zu wachsen. Der Betroffene geht in eine Experimentierphase über und stärkt sich an kleinen Versuchen, auf Menschen neu zuzugehen, an seinem Äußeren oder im Umfeld etwas zu ändern, neue Berufsideen zu entwickeln. Neue Gewohnheiten bis hin zu neuen Lebensformen werden experimentell für möglich erachtet, wodurch ein stärkeres Selbstwertgefühl entsteht. Mit wachsendem innerem Gleichgewicht gelingt es nun, dem Leben einen neuen Sinn zu verleihen, woraus der Entschluss wächst, das Leben anders zu gestalten.
Der Abschluss einer Krise besteht in der Integration der gelebten Erfahrungen in das bisherige Leben. Jetzt kann auf die Vergangenheit zurückgeschaut und die Frage gestellt werden: »Warum ist mir das geschehen? Welchen Sinn hat diese Lebenskrise für meine Biografie gehabt?«

— Ruth drückte mit ihrer Frage einen ersten Anflug von Akzeptanz aus, ein Hoffnungsschimmer liegt in ihrem Blick. Sie war so weit, sich an das zu erinnern, was sie eigentlich einmal nach der Trennung von ihrem Mann machen wollte. Sie konnte auf ihre Ressourcen aus der Vergangenheit blicken: Was hat sie früher in Krisen getragen? Woran hat sie schon immer Freude gehabt? Was würde sie gerne einmal »Verrücktes« tun? Diese Fragen luden Ruths Lebenswillen ein, wieder gestaltend tätig zu werden, und läuteten die Experimentierphase

ein. Jetzt konnte parallel zur Krisenbegleitung die eigentliche Biografiearbeit beginnen.
Im Anschauen ihrer Berufsbiografie wurde deutlich, dass Ruth in ihrem Leben immer viel geleistet und dabei wenig Freiräume für sich persönlich entwickelt hat. Die Weiterbildung, die sie vor Jahren im Auge hatte, zeigte erstmals eine andere Handschrift. Sie wollte eigentlich eine Ausbildung zur Heilpraktikerin absolvieren, da sie sich schon lange zur Homöopathie hingezogen fühlte. Dieser Impuls fand seinen Ursprung in ihrem eigentlichen Berufswunsch, Krankenschwester zu werden. Doch damals brachte der Vater sie in der Firma seines Freundes als Auszubildende unter. Ruth hatte nicht genug Durchsetzungskraft gehabt, um sich gegen den Vater aufzulehnen. So hatte sie auch mit 42 Jahren noch nicht genügend Entschiedenheit aufbringen können, um die Heilpraktikerschule zu besuchen. Erst durch die Kündigung, die darauffolgende Krise und die Biografiearbeit, durch die sie ihren Blick auf ihre Ursprungsfamilie, alte Muster und Wiederholungen richtete und den Aufforderungscharakter, neue, ganz eigene Schritte zu wagen, darin sehen konnte, entwickelte Ruth neue Fähigkeiten. Sie konnte ihre Arbeitslosigkeit als Aus- und Lernzeit für sich selbst annehmen. Sie meldete sich an einer Heilpraktikerschule an, schnitt ihre langen, zum Zopf geflochtenen Haare ab und ließ sich eine von drei Versicherungen auszahlen, um eine Reise nach China zu machen, da sie zukünftig unter anderem die chinesische Medizin verfolgen wollte.
Die Biografiearbeit haben wir mit einer »kreativen Wunderfrage« abgeschlossen. Ich habe Ruth eingeladen, sich vorzustellen, wir würden uns in drei Jahren zufällig auf einer

Strandpromenade treffen und einen Kaffee zusammen trinken. Dabei frage ich sie, wie sich denn ihre Vorhaben weiterentwickelt haben. Sie antwortete: »Ruth ist jetzt 50 Jahre alt, sie hat die Heilpraktikerprüfung nach zwei Jahren gut bestanden und ist gerade dabei, sich eine Praxis mit einer befreundeten Kollegin einzurichten. Die damalige Arbeitslosigkeit hat sie mit kleinen Schreibarbeiten, die sie durch eine Anzeige in der Zeitung gefunden hat, ausgefüllt.

Seit einem halben Jahr hat sie einen neuen Partner, der aber nicht den wichtigsten Platz in ihrem Leben einnimmt. Angeregt durch die Chinareise hat sie inzwischen Tai Chi gelernt und fühlt sich insgesamt sehr zufrieden. Mit Dankbarkeit blickt sie auf die Krise von vor drei Jahren zurück.«

Krisen als Entwicklungsauftrag – Biografische Fragestellungen

Natürliche Transitionen (Übergänge) können sein

- Pubertät
- Auszug aus dem Elternhaus
- Heirat / Beziehungsleben
- Geburt eines Kindes
- Midlife-Crisis
- Altwerden
- Pensionierung.

Krisen werden oft innerlich erlebt, können sich aber auch zu äußeren Krisen verwandeln

- Krankheit
- Arbeitslosigkeit
- Trennung und Tod
- hartnäckige Konflikte/Kollegenkonflikte (Mobbing).

Fragen zur eigenen Transition oder Krise

- Versuchen Sie sich an einen durchlebten Übergang oder eine Krise zu erinnern, in der Sie die Stufen des Krisenverlaufes wiederfinden.
- Wie ging es Ihnen in Ihrem Alltag, bevor die Krise zum Ausbruch kam? Waren Sie unzufrieden, unsicher oder überarbeitet, »weit weg von sich«, unausgeglichen? Traf es Sie ganz unvorbereitet?
- Verfolgen Sie die Bewältigungsstrategien der linken Seite der Krisenkurve (siehe Seite 19). Welche Strategien/Gefühle/Handlungen trafen auf Sie zu? Was haben Sie dabei erlebt? Welche Schattenseiten kamen dadurch an die Oberfläche?
- Wie sind Sie durch den tiefsten Punkt der Krise, durch Ihre Trauer, den Schmerz gegangen? Was hat Sie dabei getragen? Von was mussten Sie sich verabschieden (eingefahrene Lebensmuster, Menschen ...)?
- Wie haben Sie Ihre »Fühler« wieder ins Leben ausgestreckt? – Im Sinne des Experimentierens: Das Alte

trägt nicht mehr – das Neue noch nicht? Hatten Sie positive und negative Erlebnisse dabei?

- Sie können sich folgende Fragen zum Experimentieren stellen:
  - Was wollte ich erreichen?
  - Was habe ich getan? Wie habe ich mich »ausprobiert«? Wie habe ich in dieser konkreten Situation gehandelt?
  - Was hat es bewirkt?
  - Welche Auswirkungen hatte es auf mich und meine Umgebung?
  - Welche Schlüsse ziehe ich daraus?
  - Was heißt das konkret für einen nächsten Schritt?
- Konnte ich gereifte Entschlüsse fassen und diese in mein Leben integrieren? – Was war dabei für mich wichtig?
- Was ist durch die Krise neu in mein Leben gekommen? Dabei können Sie innere und äußere Erfahrungen unterscheiden.

Übergänge und Krisen in der Kindheit und Jugend

— Catrin M., Mutter von drei Kindern (Jasper, 6, Mia, 9 und Marlin, 14 Jahre alt), hat sich zu einer biografischen Beratung angemeldet. Sie hat es eilig mit einem Termin, weil »das Wasser bereits überkocht«, wie sie am Telefon formulierte. Ein eindrückliches Bild, das als Einstieg in die Beratungsarbeit hilfreich ist.

»Was hat denn das Wasser zum Überkochen gebracht?«, ist meine erste Frage, als wir uns vor Ort sehen. Da sprudelt es aus ihr heraus: Sie habe das Gefühl, in einer Daueranspannung mit ihren Kindern zu sein. Sei die eine Krise gerade überwunden, lache bereits die nächste herein. Irgendeines ihrer Kinder habe immer etwas. Aber eigentlich sei sie wegen Marlin da. Catrin berichtet, dass sie sich schon seit einiger Zeit nichts mehr von ihr sagen lasse. Sie hat angefangen, sich zu schminken, kommt immer öfter am Abend zu spät nach Hause und nörgelt an allem und jedem in der Familie herum. Sie verweigert die Mithilfe im Haushalt und schließt sich manchmal bei Konflikten in ihr Zimmer ein. Kommt es dann zum Knall, sieht sie danach wie ein Häufchen Elend aus und erinnert mehr an ein Kind als an eine Jugendliche. Erst dann komme Catrin wieder an sie heran.

»Wann ging es Ihnen besser mit Marlin, wie waren die Lebensumstände zu der Zeit?« Ich versuche Catrin an Marlins und ihre Ressourcen zu erinnern, mit der Frage im Hintergrund: Was ist tragend in eurer Beziehung?

Catrin braucht nicht lange nachzudenken: »Als ich noch mit ihr alleine war! Aber eigentlich war sie auch da schon ein in-

tensives Kind. Aber, ja, wenn ich Zeit mit ihr alleine verbringen kann, geht es uns gut miteinander.«
Auf meine Frage: »Wie ist ein intensives Kind? Haben Sie Lust, mit farbigen Tüchern einmal auf dem Boden Ihre Familienmitglieder darzustellen?« nickt sie bereitwillig. Catrin wählt für Marlin ein rotes Tuch aus und legt es weit ausgebreitet auf den Boden. Für sich wählt sie ein mittelblaues, für ihren Mann ein grünes Tuch.
Ihre Tochter sei ein fröhliches, »draufgängerisches« Kleinkind gewesen, das schnell Kontakt zu anderen Kindern aufbauen konnte. Sie hatte schon früh etwas »Führendes«, was sich auch in einer intensiven Trotzphase bemerkbar machte.
Irgendwie müsse sie durch die Schwangerschaft mit Mia bereits gespürt haben, dass da noch jemand ist. Mit der Geburt der Schwester sei sie sehr eifersüchtig geworden und habe sie und ihren Mann ganz schön auf Trab gehalten. – Catrin wählt für Mia ein gelbes Tuch und verkleinert die Größe des roten ein bisschen. »Mia ist unser kleiner Sonnenschein, sie war und ist so ganz anders als Marlin – eben nicht so intensiv!«
»Was gefällt Ihnen an Ihrer Tochter Marlin?« Catrin hält inne, lacht … »Ja, eigentlich finde ich ihre temperamentvolle Art auch gut. Sie bringt Leben in unsere Familie. Sie ist so kraftvoll. Was sie sich vornimmt, tut sie auch. Als Jasper vor sechs Jahren geboren wurde, war sie mir eine richtige Stütze und eine fürsorgliche Schwester.«
Catrin wählt für Jasper ein dunkelblaues Tuch und legt es dicht an ihr mittelblaues heran. Sie schiebt die anderen Tücher ein wenig hin und her, bis sie das Gefühl hat, so stimmt es!
Jetzt liegen Marlin und der Vater dicht beieinander. Sie

schmunzelt, denn ihr Mann und Marlin sind sich sehr ähnlich.
»Wenn Ihr Mann jetzt hier wäre, was glauben Sie, würde er über Ihre Tochter sagen?«
»Der würde Partei für Marlin ergreifen. Ich denke, er würde sagen: Sie braucht jetzt mehr Freiräume, muss sich ausprobieren. Marlin muss man mehr an der langen Leine halten und ihr Vertrauen entgegenbringen.«
Catrin fängt an zu weinen. »Vertrauen« war das Stichwort für sie, denn das hat sie selbst nicht kennengelernt. Sie wurde von ihren Eltern eher streng erzogen und kurzgehalten. Sie hatte nicht die nötige Stärke, um sich in ihrer Pubertät dagegen aufzulehnen, und war schon immer mehr introvertiert, hat andere um ihr Selbstbewusstsein beneidet. Eigentlich beneide sie auch Marlin um ihre Intensität, gerne hätte sie davon mehr zur Verfügung.
»Stellen Sie sich vor, es würde über Nacht ein Wunder geschehen und Sie wären extrovertierter, intensiver, wie Sie es von Ihrer Tochter sagen. Woran würden andere es merken, und wer würde es zuerst bemerken?«
»Na ja, Marlin würde es wohl als Erste merken. Ich wäre weniger anklagend und leidend. Ich würde mich mehr für die interessante Seite der Pubertät öffnen, mir zum Beispiel mal ihre verrückte Musik anhören, vielleicht mal mit ihr auf ein Konzert gehen oder so. Ich glaube, mit dieser Seite könnte ich mich besser in Marlin einfühlen. – Ich merke gerade, dass ich wohl mehr Vertrauen in die Pubertät entwickeln muss und sie nicht als so bedrohlich sehen sollte. Irgendwie ist sie ja auch noch ein Kind und in einem Übergang.«
Das war »mein« Stichwort! Denn jetzt hatten wir eine gemeinsame Grundlage entwickelt, um auf Transitionen (Übergänge)

und Krisen in der Entwicklung von Kindern und Jugendlichen zu blicken.

Übergänge gehören im Leben dazu und läuten einen neuen Entwicklungsabschnitt ein, der mit Abschiedsschmerz verbunden ist. Bereits mit der Geburt eines Kindes können junge Eltern eine solche Transition selbst erleben. Waren sie vorher ein Paar, so sind sie jetzt eine Familie geworden, in der sie sich als Partner neu definieren müssen. Nicht selten mündet dieser Übergang in eine Ehekrise.
Ähnlich verhält es sich mit dem Trotzalter, in dem das kleine Kind nach Autonomie strebt und den Eltern erstmalig ein deutliches Nein zeigt. So manche Eltern-Kind-Beziehung wird jetzt hart geprüft. Es ist der Abschied von dem Kleinkind, das noch »gut zu handeln« und »niedlich« war und jetzt zum Kindergartenkind heranreift.
Mit dem Zahnwechsel und der Einschulung erleben eigentlich alle Eltern eine – auch von der Gesellschaft durch das Einschulungsritual mit der vielgeliebten Schultüte bewusst gegriffene – Transition. Wieder nabelt sich das Kind zugunsten einer größeren Selbstständigkeit ein Stück mehr von seinen Eltern ab. »Wackeln die Zähne, wackelt die Seele« sagt ein altes Sprichwort und drückt damit den krisenhaften Umbruch aus.
Im 9. Lebensjahr, dem sogenannten Rubikon, in dem viele Kinder ihre erste bewusst erlebte Krise durchschreiten, wird ein erster Abschied von der Kindheit erlebt, um mit der Pubertät gegen das 14. Lebensjahr die Kindheit endgültig hinter sich zu lassen. Dieser Übergang scheint der für alle Familienmitglieder krisenreichste zu sein.

Bei allen Transitionen geht es um das sich tiefer in den Körper und die Seele einsenkende Ich, das mit dem 21. Lebensjahr zum Dirigenten des eigenen »Seelenorchesters« werden soll.

— Catrin horcht auf: »Dann ist Marlins Verhalten mir gegenüber ein Ausdruck ihrer Pubertätskrise?«

Die Pubertät bringt einschneidende Veränderungen mit sich, die zwiespältige Gefühle im Jugendlichen auslösen: vom ganz »cool« sein Wollen bis zu starker Unsicherheit. Diese Gefühle spielen sich alle, für uns unsichtbar, innerhalb des Jugendlichen ab. Sie werden oft verharmlost, beispielsweise die körperlichen Veränderungen ausgeblendet, und immer mal wieder wird noch kindliches Verhalten an den Tag gelegt.
Gleichzeitig lässt sich eine zunehmende Abgrenzung von den Eltern beobachten. Die Jugendlichen werden leicht reizbar und aggressiv: Die Eltern sind blöd, altmodisch, engstirnig und bieten Grund für Ärger und Auflehnung. Die Heranwachsenden fühlen sich hin- und hergerissen zwischen dem alten kindlichen Verhalten und den jugendlichen Bedürfnissen nach mehr Autonomie.
Dies ist die letzte Stufe vor dem tiefsten Punkt des Schwellenübertritts. Die Durchgangsphase ist geprägt vom Abschiednehmen, verbunden mit Trauergefühlen, und mündet dann in zunehmend mehr Akzeptanz der eigenen Pubertät gegenüber.
Jetzt wird mit den neuen Seelenfähigkeiten experimentiert: neuer Haarschnitt, neue Mode, das Zimmer wird ausge-

mistet und die Möbel umgestellt, Musikrichtungen und Freundschaften werden gewechselt. Eine große Spannbreite, die für Eltern oft unverständlich ist, offenbart neue Potenziale der eigenen Kinder. Die Jugendlichen werden zum »Zukunft-Sucher«. Neue Entschlüsse werden mit Festigkeit gefasst und in das bisherige Leben integriert.
Diese krisenhaften Prozesse gehen an den Eltern nicht spurlos vorüber. Durchlaufen nicht auch die Eltern diese Stufen der Transition mit dem Ziel, ihr Kind mehr akzeptieren und einen »Vertrauensvorschuss« an sie auszahlen zu können? (Siehe die Skizze auf Seite 19.)

— Catrin M. lächelt und setzt sich entspannt zurück. Und ob sie diese Krise kennt. Sie merkt, dass sie noch am Feilschen ist und nicht Abschied nehmen mag von ihrer Erstgeborenen. Sie erlebt den Schmerz darum, dass es nie wieder so sein wird wie früher.
»Stellen Sie sich vor, es ist ein Jahr vergangen und wir treffen uns wieder, was glauben Sie, werden Sie mir über das Verhältnis zwischen Marlin und Ihnen erzählen?«
Catrin wirkt sicher und sagt mit kraftvoller Stimme: »Ich habe mich auf Marlin einstellen, sie neu schätzen und lieben gelernt. Sie ist sicherer in sich geworden und ich auch in mir. Ja, und ich kümmere mich wieder mehr um mich selbst. Ich habe auch einen neuen Entwicklungsschritt gemacht!«

Der französische Ethnologe Arnold van Gennep hat sich den Übergängen im Zusammenhang mit dem Wechsel von einer Entwicklungsstufe zur nächsten gewidmet. Er fand heraus, dass fast alle Riten früher drei Stufen hatten:

- Absonderung (separation) – eine symbolische Todeserfahrung,
- Übergang (transition) – in vollkommener Einsamkeit den alten Lebensstil ablegen und eine neue innere Haltung finden,
- Reintegration (reincorporation) – Rückkehr in die Gemeinschaft, neue Fähigkeiten und Gebräuche werden erlernt, die Teil der neuen sozialen Position werden.[2]

So entstand daraus ein Übergangsmodell, in dem van Gennep ebenfalls von drei Phasen spricht:

- der Trennungsphase, welche die Lösung des Einzelnen vom bisherigen Status beinhaltet,
- der Schwellenphase, welche die Umwandlung bzw. den Zwischenzustand bezeichnet und nach Victor Turner von hoher emotionaler Sensibilität gekennzeichnet ist;[3]
- der Phase der Angliederung an den neuen Status.

Diese Phasen wurden von der Ärztin und Sterbeforscherin Elisabeth Kübler-Ross sowie durch weitere Krisenforschung noch weiter differenziert (siehe die Krisenkurve auf Seite 19).[4]

Wir finden hier Verständnisgrundlagen für Eltern, Kinder und Jugendliche, die Orientierungshilfen bieten und Unsicherheiten in diesen Phasen vermindern. Regeln und Rituale verbunden mit Symbolen helfen dabei, die Übergänge zu benennen und wertzuschätzen.

Allgemeine Krisenvermeidungsstrategien

- Flucht vor der Realität durch Drogen
- Konfliktscheu
- Arbeitswut (workaholic)
- starker Alkoholkonsum
- Medienkonsum
- Negativismus
- Kaufrausch
- Projektionen und Übertragungen, in denen ich den Anlass, die »Schuld« beim anderen suche. Sie finden heute im täglichen Leben ständig statt und sorgen für Missverständnisse, Konflikte und Krisen.

Chancen durch Krisen

- Begegnung mit sich selbst und den eigenen Schattenaspekten
- Selbsterfahrung führt zu Widerstandsfähigkeit und
- Selbsterkenntnis.

Wendepunkte in der Biografie

Von der Abhängigkeit zur Autonomie: Trotzalter, Zahnwechsel und 9. Lebensjahr

Jeder Lebenslauf birgt reiche Entwicklungsmöglichkeiten in sich, die uns zu einer reifen Persönlichkeit werden lassen. Einerseits finden wir in einer Biografie allgemeine Gesetzmäßigkeiten, die jeden zu berühren scheinen, andererseits erleben wir – wie beschrieben – in verschiedenen Lebensphasen Krisen und Wendepunkte, die etwas mit unserer ganz individuellen Entwicklung zu tun haben und meistens einen Aufforderungscharakter in sich tragen. Ein geheimnisvoller roter Faden zieht sich durch unsere Biografie, den es zu entdecken gilt. Anhand der sogenannten »Jahrsiebte«, dem wohl elementarsten Entwicklungsrhythmus im menschlichen Leben, lässt sich dieser Faden besonders gut verfolgen.
Betrachten wir zunächst die ersten neun Lebensjahre, an deren Ende auch der Abschied von der Kindheit steht.

— Leo, 5 Jahre alt, bringt seit seiner Geburt das Leben seiner Eltern fast täglich kräftig in Bewegung. Bereits in der Schwangerschaft sorgte er für Aufregung. Dreimal musste seine Mutter für längere Zeit in die Klinik, da die Gefahr einer Fehl- und Frühgeburt bestand.

Seine Geburt verlief dramatisch, es folgten viele schlaflose Nächte. Nur allmählich stellte sich ein Schlafrhythmus bei ihm ein.
Die jungen Eltern sind ausgepowert und an der Grenze ihrer Belastbarkeit, worunter die Eltern-Kind-Beziehung leidet. Leo klammert sich an seine Eltern und geht keinen Schritt allein, ohne heftig zu weinen, weder in den Kindergarten noch zu Nachbarskindern.
Das Leben in der Familie verläuft eher unruhig. Leo wird häufig mit auf Partys genommen, wo er bis in die Nacht aufbleiben darf. Oft wird lange ausgeschlafen, wodurch sich die Mahlzeiten verschieben.
Leo trotzt so gut wie gar nicht, da sich die Eltern stark nach seinen Bedürfnissen richten und schnell nachgeben, um weiteren Konflikten und Tränen aus dem Weg zu gehen.

— Niklas wurde mit knapp 7 Jahren eingeschult; seinen ersten Zahn hat er mit 6 Jahren verloren, den zweiten mit 6 ½. Er ist ein sehr lebhaftes, immer ein wenig zappeliges und sehr fröhliches Kind.
Er kann auch schnell »sauer« und laut werden, aber sich genauso schnell wieder beruhigen. Ein bisschen himmelhoch jauchzend – zu Tode betrübt.
Inzwischen geht das erste Schuljahr dem Ende entgegen, und wieder wackeln die Zähne und damit auch seine Seele. Sein Gerechtigkeitssinn prägt sich zurzeit stark aus. Er achtet immer darauf, nicht zu kurz zu kommen. Teilweise zeigt er damit ein völlig irrationales Verhalten, lässt überhaupt nicht mit sich reden, will aber alles erklärt bekommen.
Neuerdings bekommen die Eltern oft Äußerungen zu hören

wie: »Den hasse ich für immer«, »Ich will auch zu der Bande gehören« oder »Der ist mein bester Freund«. Sie sind für die Eltern spannend und zeigen täglich die neuen Gefühlsregungen in ihrem Kind.
Er vergleicht sich stark mit anderen, was andere dürfen und haben können. Es macht den Eindruck, als ob er sich selbst sucht. Er beginnt, sich selbst einzuschätzen, entfernt sich mehr vom Haus, will mehr Freiheiten und braucht gleichzeitig intensive Zuwendung, schläft nachts gerne wieder im Bett der Eltern und beginnt schneller zu weinen.
Gerade verliert Niklas seinen ersten oberen Schneidezahn. Seit der Zahn wackelt, ist er wieder »hippeliger«, wird schneller gereizt und eifersüchtig auf seinen jüngeren Bruder.
Die Mutter schaut stärker auf die äußere Ordnung bei ihm, weil sie den Eindruck hat, dass ihm die innere fehlt. Seine Aussprache wird undeutlicher, Spucke flutscht durch die Lücke, und die Zunge versucht diese immer zu schließen. Oft hat er die Finger im Mund.

— Elisa wird in wenigen Monaten 9 Jahre alt. War sie bis vor Kurzem noch ein unbeschwertes, fröhliches Mädchen, tritt mir heute eine ernsthafte kleine Persönlichkeit entgegen. Der Blick wirkt tiefer, introvertierter und die Gestalt gestraffter als vorher.
Ihre Mutter beklagt, dass Elisa seit Wochen abends Stunden zum Einschlafen braucht und des Öfteren nachts wach wird. Am liebsten schläft sie bei Licht ein, da sie Angst hat, dass »irgendetwas« im Zimmer sein könnte. Außerdem zieht sie sich häufiger von den Familienaktivitäten mit den jüngeren Geschwistern zurück.

Neulich hat sie gefragt, ob die Eltern sie adoptiert hätten. Sie fühlt sich anders als ihre Geschwister, nicht mehr so richtig dazugehörig. Immer häufiger kommt sie unzufrieden aus der Schule und beklagt sich, dass keiner mit ihr spiele oder die beste Freundin sie ausgelacht habe.

Das Trotzalter, die erste Krisenzeit im Verhältnis von Eltern und Kindern, zeigt als einen ersten Wendepunkt besonders deutlich das Autonomiestreben des kleinen Kindes. Bisher hat es sich von allen und allem beeindrucken lassen, war gewissermaßen ganz Eindruckswesen, jetzt will es sich selbst Ausdruck verleihen, indem es Widerstand leistet. Denn daran kann sich das Kind selber spüren und entwickelt seine Persönlichkeit.
Je nach Temperament und Stellung in der Geschwisterfolge trotzen Kinder unterschiedlich stark. Gute Vorbilder und ein rhythmisches Leben sind Kindern dabei eine große Hilfe, weil dies Sicherheit und Vertrauen erzeugt: zu wissen, wann Schlafens- und Essenszeit, wann Aufräum- und Spielzeit ist, gibt Orientierung im Alltag.
Immer wieder müssen wir als Erwachsene den Kindern die Ich-Kraft unserer Entscheidungen leihen, da sie ihr kleines Ich erst im Laufe der Kindheit ausbilden und noch nicht ausreichend zur Verfügung haben. Ähnlich wie bei einem jungen Bäumchen, das man auch nicht allen Stürmen aussetzt, sondern ihm eine Stütze gibt, an der es sicher heranwachsen kann.

Am Beispiel von Leo zeigt sich, welche Gefahr hier droht: Überforderung und Schlafmangel lassen die Eltern schnell den Weg des geringeren Widerstandes gehen, Grenzen werden sparsam gesetzt, obwohl sie doch Meilensteine für die spätere Jugend sein könnten. Aus kleinen Kindern wie Leo werden so nicht selten »Tyrannen«, die den Eltern das Leben zur Hölle machen können. Als Jugendliche suchen sie dann oft Grenzerlebnisse anderer Art, wie zum Beispiel im Drogenkonsum. Als Erwachsene gehen sie nicht selten mit den Grenzen anderer Menschen großzügig um oder überschreiten ständig ihre eigenen, nicht gefühlten Grenzen. Durch schmerzvolle soziale Prozesse werden dann die fehlenden »Grenzerlebnisse« nachgeholt.

Wenn die Zähne wackeln – ungefähr ab 6 Jahren –, wackelt auch die Seele, denn nun verliert das Kind seinen Halt, sein »altes Gesicht«, was durch die Lücken im Mund sichtbar wird. Der Zahnwechsel ist meistens geprägt von Gefühlen wie »himmelhoch jauchzend« und »zu Tode betrübt«, einem Pendeln zwischen dem Kleinkind- und dem Schulalter. Alles, was dem Kind jetzt in seine Mitte verhilft, trägt dazu bei, dass sich auch die seelischen Lücken schließen. Die zweiten Zähne schenken dem Kind einen neuen Ausdruck und eine persönliche Reifung. Es beginnt sich bis in den Umbau seiner Leiblichkeit zu individualisieren, was häufig von seelischen Höhen und Tiefen begleitet wird.

Mit dem 9. Lebensjahr haben Herz und Lunge wieder einen erneuten Wachstumsschub gemacht, Puls und Atem haben nun erstmalig ein Verhältnis von 1:4 wie beim Erwachsenen erreicht, welches jedoch bis ins 12. Lebensjahr noch instabil ist. Das Seelische senkt sich nun über den vertieften Atem tiefer in den Körper ein. Die Leichtigkeit, das noch »Aushäusigsein« des frisch gebackenen Schulkindes tritt zugunsten einer stärkeren Eigenwahrnehmung zurück und sorgt für Verunsicherungen im Seelischen, in den Beziehungen im Elternhaus und in der Schule.

Unser Herz und unsere Atmung bieten die Grundlage für unser Gefühlsleben. Nicht ohne Grund sagen wir bei einem Schrecken »Mir bleibt das Herz stehen« oder »Mir stockt der Atem«. Diese Entwicklung geht mit einer größeren Wahrnehmungsfähigkeit einher, dem wachsenden Verstand, der nun alle möglichen Phantasien oder auch ein erstes »Philosophieren« über das Leben möglich macht.

Rudolf Steiner hat diesen Entwicklungszustand nach dem italienischen Fluss »Rubikon« benannt. Aus der Geschichte heraus wird der Ausspruch »den Rubikon überschreiten« heute als Metapher verwendet, um deutlich werden zu lassen, dass man sich nun unwiderruflich auf etwas Unbekanntes einlässt.

Der Abschied von der ersten Kindheit hat unwiederbringlich stattgefunden. Eine neue Geburt – die Ich-Geburt mit 9 Jahren – hat sich vollzogen.

Fragen, die Sie sich zu dieser Lebensphase stellen können

- Was wissen Sie über die Schwangerschaft Ihrer Mutter mit Ihnen?
- Was wissen Sie über Ihre eigene Geburt? War es eine Haus- oder Klinikgeburt?
- Sind Sie ein willkommenes Kind gewesen?
- Haben Sie eine erste Erinnerung aus der Zeit um das 3. Lebensjahr?
- Haben Sie eine Trotzphase durchlebt?
- Hatten Sie Vorbilder in Ihrem Umfeld? Was haben die Menschen getan?
- Wie und womit haben diese Sie beeindruckt?
- Womit und wie haben Sie gespielt?
- Gab es Geschwister in Ihrer Familie? Welche Geschwisterposition haben Sie eingenommen?
- Gab es Lieblingsgeschwister?
- Gab es einen geregelten Rhythmus in Ihrer Familie?
- Welche Gewohnheiten lebten in Ihrem Elternhaus?
- Haben Sie sich ausreichend draußen bewegen können oder sind Sie ein »Stubenhocker« gewesen?
- Haben Sie Grenzen erfahren? Welcher Art?
- Wie waren Ihre Erfahrungen mit anderen Bezugspersonen, beispielsweise einer Tagesmutter, Erzieherin, dem ersten Lehrer?
- »Wackelte« Ihre Seele beim Zahnwechsel? Was hat Sie gestärkt?

- Wie waren Ihre ersten Schulerfahrungen?
- Wie war Ihr Übergang in das 9. Lebensjahr? Hatten Sie Einsamkeitserlebnisse, Albträume, soziale Probleme?
- Sind Sie ein Trennungskind? Wie hat sich das auf Sie ausgewirkt?
- Was erleben Sie im Rückblick als tragende Säulen in Ihren ersten 9 Lebensjahren?
- Gibt es etwas, das Sie noch heute als Ballast aus dieser Zeit in Ihrem Leben empfinden?

Stürmische Zeiten: Vorpubertät, Pubertät und Adoleszenz

— Luisa ist gerade 12 Jahre alt geworden. Sie liegt in ihrer Hängematte und hört Musik von den »Ärzten«, die sie von ihrem großen Bruder bekommen hat.
Vor drei Jahren, kurz nach Luisas 9. Geburtstag, haben sich die Eltern getrennt. Luisas Mutter arbeitet seitdem ganztags, sodass Luisa viel sich selbst überlassen ist. Sie hat damals auf die Trennung mit nächtlichen Ängsten und Herzbeschwerden reagiert.
Ihre Vorpubertät zeigt sich in ihrer körperlichen Entwicklung, aber auch seelisch. Luisa ist schnell reizbar, lässt sich nichts mehr sagen und ist gleichzeitig anhänglich.
Ihre Mutter leidet noch sehr unter der Trennung und beklagt sich häufiger über den Vater, was Luisa geradezu provoziert und in einen Loyalitätskonflikt bringt. Manchmal träumt sie davon, einfach zum Vater zu ziehen.

Mit dem 12. Lebensjahr beginnt das zielgerichtete Autonomiestreben, die Abnabelung von den Eltern wird vollzogen, auch wenn die entsprechende seelische Reife noch hinterherhinkt. Die kindliche Unbeschwertheit tritt jetzt deutlich zugunsten einer erhöhten Wahrnehmungsfähigkeit zurück. Bis zum 12. Lebensjahr sind dann – wohl nicht gerade zufällig – die Eckzähne, die für die Selbstbehauptung stehen, durchgebrochen. Herz und Lunge haben den oben beschriebenen Wachstumsschub gemacht, sodass Puls und Atem nun weitgehend ein Verhältnis von 1 : 4 wie beim Erwachsenen haben.

Als Luisa 9 Jahre alt war, trennten sich ihre Eltern. Ein markanter Wendepunkt in ihrer Biografie, der eine gewisse Doppeldeutigkeit hat: Während der Ich-Geburt im 9. Lebensjahr ist eine erhöhte seelische und körperliche (organbezogene) Wahrnehmungsfähigkeit vorhanden, und gleichzeitig befinden sich die Organe noch im Wachstum und sind somit beeindruckbar.
Wir werden an anderer Stelle über den Zusammenhang starker Erlebnisse in diesem Jahrsiebt und Ausdrucksmöglichkeiten einer seelischen Verarbeitung in späteren Jahrsiebten hören (siehe Seite 107 ff.).
Für die Vorpubertierenden beginnen die Eltern jetzt nervig und peinlich zu werden – das Beispiel Luisas zeigt es deutlich –, die Kinder wollen sich absetzen und gleichzeitig noch den Schutz der Eltern genießen, was häufig beide Seiten überfordert. Am wenigsten wollen sie am Leid ihrer Eltern teilhaben, denn jetzt beginnen sie, sich selber wichtig zu nehmen.
Diese Zeit braucht die Begleitung mit einem feinen Fingerspitzengefühl im Sinne einer liebevollen Autorität, die das unsichtbare Eltern-Kind-Band nicht zu früh loslässt. Interesse, seelische Unterstützung und Vertrauen bieten die Grundlagen für eine neue Begegnungsebene, die zugleich den Boden für eine funktionierende Begleitung in der eigentlichen Pubertät bereitet.

— Judith kommt in die Biografieberatung, weil sie sich in einer Krise befindet, wie sie sagt. Im Gespräch reflektiert die 15-Jährige bereits sehr erwachsen ihre vergangenen 5 Jahre. Eigentlich habe sie schon immer viel über andere Menschen

und sich selbst nachgedacht. Aber seit einem Vierteljahr fühlt sie sich manchmal so abgetrennt von den anderen Mitschülern, als würde sie einen Kokon um sich spinnen, aus dem sie nicht mehr herauskommt.
Auch mag sie nicht mehr gerne allein sein. Ihre Gedanken kreisen dann um die Geschehnisse in der Welt, den Sinn des Lebens bzw. ihres Lebens überhaupt, und sie wird sich selbst unheimlich. Sie fühlt sich dann einsam, hilflos und irgendwie gar nicht richtig da.
Über ihre Eltern spricht sie sehr wertschätzend und voller Dankbarkeit über ihr »heiles Zuhause«. Alle Menschen müssten es doch so gut haben. Eigentlich hat sie fast ein schlechtes Gewissen für ihr Leben.
In gemeinsamen Gesprächen arbeiten wir heraus, dass Judith ihren Gedanken eine andere Richtung geben kann. Sie entwickelt Initiative, mit Menschen in schweren Lebenslagen in Kontakt zu kommen, arbeitet in den folgenden Monaten ehrenamtlich in einem Asylheim mit und macht Praktika in einer Drogenberatungsstelle.

— Maria steht als 4-jähriges Mädchen am Kai, vor ihr das große Schiff, das ihr Vater gerade über die schaukelnde Brücke betreten hat. Wieder einmal geht er auf »große Fahrt«. Langsam legt das Schiff ab, ihre kleine Hand winkt emsig, und ihre Augen suchen den Vater oben an Deck. Zum letzten Mal tutet die Schiffssirene laut zu ihnen herüber. Ihre Mutter winkt mit dem Taschentuch und wischt sich die Tränen von den Wangen. Langsam machen sie sich auf den Weg nach Hause, wo es jetzt über viele Wochen eigentümlich still wird.

Dieses Kindheitserlebnis scheint der Anfang eines roten Fadens in Marias Biografie zu sein, denn auf ganz unterschiedliche Weise wurde das »Abschiednehmen« für Jahrzehnte ein biografisches Thema, das bearbeitet, verwandelt und auf eine neue Stufe gehoben werden wollte und ein Teil ihres »Lebensmanuskripts« ist.

13 Jahre später. Der Koffer ist gepackt! Die knapp 17-Jährige hat gerade den Entschluss gefasst, das Gymnasium abzubrechen, nachdem die Mutter ihr zum wiederholten Male signalisiert hat, dass sie ein Störenfried in ihrer neuen Ehe sei. Die ewigen Auseinandersetzungen um Ausgehzeiten, Hausaufgaben, häusliche Pflichten und Geld hatten ihren Höhepunkt erreicht.

Maria fühlte sich schon seit Beginn ihrer Pubertät mit 13 Jahren nicht mehr verstanden, provozierte den Stiefvater mit auffälliger Kleidung und Schminke und boykottierte seine Erziehungsmaßnahmen mit patzigen Antworten und Zuspätkommen. Jetzt folgt sie dem Ruf ihrer besten Freundin, die gerade eine Ausbildung in Hamburg begonnen hat; bei ihr kann sie vorerst unterschlüpfen.

Das Abschiednehmen hat Maria bereits früh gelernt, entscheidend verstärkt durch den Tod des Vaters, der von einer seiner großen Seefahrten nicht mehr heimkehrte. Damals war sie 7 Jahre alt.

Nun soll sie ihre eigene »große Fahrt« antreten. Sie streift die alten Familienbande wie eine Fessel ab und taucht in das Hamburger Großstadtleben ein. Als sie eine Bleibe in einer Wohngemeinschaft gefunden hat, sucht sie sich einen Job, um sich selber durchzubringen, denn von zu Hause hat sie nichts zu erwarten.

Maria, bisher von der Mutter und dem Stiefvater streng gehalten und wenig vertrauensvolle Unterstützung gewohnt, stürzt sich in das Hamburger Nachtleben und gerät dabei schnell in zwielichtige Kreise. Dabei kommt sie in Kontakt mit Drogenabhängigen, probiert selber Drogen aus und konsumiert viel Alkohol. Ihr einziger emotionaler Halt ist die Großmutter, mit der sie regelmäßig telefoniert.
Maria hat trotz ihres Lebenswandels die Stärke, ihrem Job nachzugehen. Sie bewirbt sich um einen Ausbildungsplatz als Krankenschwester und kann dadurch ein Praktikum beginnen. Sie wohnt in einem Schwesternwohnheim und arbeitet auf einer Kinderstation. Die weinenden Kinder machen ihr allerdings sehr zu schaffen, sie fühlt sich überfordert und zunehmend einsam.
Alles erscheint äußerlich geordneter, als sie mit 18½ Jahren, ausgelöst durch den Tod eines Freundes, in eine Depression gerät. Ihre Sehnsucht nach einer dauerhaften Beziehung kompensiert sie immer noch mit Alkohol und langen Discobesuchen, bis sie eines Nachts ein Grenzerlebnis hat: Sie plant den Abschied von ihrem eigenen Leben. Maria nimmt Schlaftabletten, die sie Gott sei Dank nur lange schlafen lassen, gleichzeitig seelisch jedoch mehr aufwecken. Jetzt sucht sie sich ärztliche Hilfe, die sie in eine psychiatrische Klinik führt. Die rechten Begegnungen am rechten Ort: Maria trifft dort auf einen Psychiater, der es schafft, ihr Vertrauen zu gewinnen, und mit dem sie zum ersten Mal in ihrem Leben über den Verlust des Vaters und über das Gefühl spricht, sich nicht wirklich beheimaten zu können, Beziehungen immer wieder abbrechen zu müssen.
Gleichzeitig macht sie einen Alkoholentzug, beendet ihre

Ausbildung als Krankenschwester und bewirbt sich um ein soziales Jahr in einem Camp in Afrika.
Mit 21 Jahren steht Maria am Hamburger Flughafen, auf dem Weg nach Südafrika. Wieder einmal stehen die Koffer bereit ...!

Der Rucksack für unsere Lebensthemen wird früh gepackt, und oft tragen wir ihn schwer auf unserem Rücken, ohne auch nur einmal hineinzuschauen. Erst die Krisen im Leben bringen Bewegung auf die Lebensbühne. Gerade in der Pubertät und in der Adoleszenz melden sie sich häufig besonders machtvoll und unerbittlich wie im Falle Marias: Abschied, Verlust und Neubeginn.
Jeder Jugendliche durchlebt seine Pubertät zwar auf ganz individuelle Weise. Dennoch lassen sich in der Entwicklung seiner Seelenkräfte drei Schritte verfolgen: die Pubertät des Denkens, des Fühlens und des Handelns.
Die *Gedankenpubertät* ist häufig die erste deutlich zutage tretende Form. Dem Jugendlichen öffnet sich eine neue Welt der Widersprüche und Abgründe, gepaart mit tiefen Fragen nach dem Sinn des Lebens. Er will sich nicht mehr auf das verlassen, was ihm seine Eltern überliefern, er beginnt zu provozieren und sich zu distanzieren, wodurch er sich selbst mehr wahrnimmt.
Im Beispiel von Judith tritt deutlich die zunehmende Ich-Entwicklung und Gedankenpubertät zutage. Ist diese wie bei Judith mit einer melancholischen Temperamentsveranlagung gepaart, kann daraus leicht eine erste bedrohliche Lebenskrise erwachsen, die es ernst zu nehmen gilt.
Die *Gefühlspubertät* lässt das Gefühlsbarometer heftig nach oben und nach unten schnellen, sodass es zu abrupten

Stimmungswechseln kommt, die wie bei Maria zu starken Um- bzw. Abbrüchen führen können, wenn nicht eine Begleitung durch die Eltern im Hintergrund gegeben ist.
Charakteristisch für die *Willenspubertät* ist das Bedürfnis des Jugendlichen, neue Erfahrungen ganz direkt und unmittelbar erleben zu wollen, ohne lange das Für und Wider zu bedenken. Geschieht dies in Krisenmomenten, kann es zu unüberlegten Handlungen kommen, deren Folgen Jugendliche nicht absehen können, die manchmal aber sogar eine tiefe biografische Berechtigung haben. Denn gerade in der Pubertät und im Übergang in die Adoleszenz finden wesentliche Begegnungen außerhalb des Familienstroms statt, die prägend für die Zukunft sein können.
So war Marias Freundin der Anlass – vielleicht auch der Anker –, weshalb sie nach Hamburg ging. Manchmal schien sie nahe am Abgrund zu sein, gewillt, den letzten Akt selbst zu vollziehen. Dies in einem Alter, in dem der »erste Mondknoten« wirksam wird.
Alle 18 Jahre, 7 Monate und 9 Tage steht der Kreuzungspunkt von Sonnen- und Mondenbahn im Verhältnis zum Tierkreis wieder am gleichen Himmelsort wie zur Geburt des betreffenden Menschen. Der erste Mondknoten ist mit dem Frühling in der Biografie zu vergleichen: Die Natur sprosst und sprießt und braucht die Elemente: die Wärme, den Regen, den Wind, den Insektenbesuch, um aufgehen zu können. In der Biografie steht alles unter dem Motto »Aufbruch«. Am Ende der Pubertät ist dies ein Zeitpunkt, zu dem sich die Intentionen, die der Jugendliche für sein Leben hat, oft auf besondere Weise durch Ideale oder Begegnungen mit Menschen und anderen Orten zeigen.

Die Frage, ob wir Jugendlichen diesen Weg, der manchmal nahe am Abgrund entlang verlaufen kann, ersparen müssen oder können, lässt sich nur individuell beantworten. Jedenfalls brauchen sie unser Vertrauen, unter Umständen auch unsere Rückbesinnung auf die eigenen Irrwege und inspirierenden Begegnungen, um den Pubertätsakt kraftvoll zu bewältigen.

Fragen zur Lebensphase von der Vorpubertät bis zur Adoleszenz

- Welche Erinnerungen verbinden Sie mit Ihrem 12. Lebensjahr?
- Wann setzte Ihre körperliche Reife bzw. Geschlechtsreife ein?
- Haben Sie unterschiedliche Phasen in Ihrem Denken, Fühlen und Handeln in der Pubertät erlebt?
- Wie haben Sie sich von Ihren Eltern abgenabelt?
- Wie gingen diese mit Ihrer Abnabelung um?
- Wann begann das erste Interesse an Jungen bzw. Mädchen?
- Gab es eine erste »große Liebe«?
- Wie konnte diese erste Liebe gelebt werden?
- Gab es Vertrauenspersonen, mit denen Sie über Sexualität und Beziehungen sprechen konnten?
- Haben Sie bisexuelle Neigungen verspürt oder gelebt?

- Gab es Trennungs- oder Todeserlebnisse in dieser Zeit?
- Welche Ideale hatten Sie? Gab es Idole?
- Haben Sie sich in der Kirche, bei den Pfadfindern, in Sportvereinen oder Ähnlichem engagiert?
- Erinnern Sie sich an erste Berufswünsche? Wodurch oder durch wen sind diese entstanden?
- Wie wurde im Elternhaus mit Nähe und Distanz umgegangen?
- Hatten Sie eine Intimsphäre? Wurde diese verletzt?
- Fühlten Sie sich einer Clique von Freunden zugehörig?
- Gab es einen vertrauten »Seelengefährten«?
- Haben Sie Alkohol und/oder Drogen konsumiert?
- Gab es kleine oder größere Straffälligkeiten?
- Haben Sie noch Halt durch Ihre Eltern verspüren können?
- Gab es gegen Ende der Pubertät eine gewandelte Annäherung an die Eltern?
- Hatten Sie einschneidende, für Ihr Leben prägende Begegnungen in diesem Alter?
- Was ist Ihre stärkste Erinnerung aus Ihrer Jugendzeit?
- Gab es in Ihrem 19. Lebensjahr eine Aufbruchssignatur im Sinne des ersten Mondknotens?
- Was war Ihre Kraftquelle in Krisenzeiten? Wie erleben Sie diese heute?
- Gibt es etwas aus dieser Zeit, das Sie noch heute als Ballast in Ihrer Biografie erleben?

Endlich erwachsen: Die Ich-Geburt mit 21 Jahren

— Jorinka ist gerade dabei, ihren Riesenkoffer zu wiegen. Für sie fremdartige Dinge liegen darin: verschiedene T-Shirts mit langem Arm, lange Röcke und Leinenblusen neben einigen wenigen gewohnten Sachen von ihr. Obenauf kommt die Wollwäsche und der dicke Wintermantel. Jorinka fliegt in ein arabisches Land, in dem sie ein freiwilliges soziales Jahr ableisten wird. Es herrscht ein wenig Aufregung in der Familie, weil die politische Situation in Ägypten den Medien zufolge sehr unsicher ist. Doch Jorinka ist entschlossen, sich den neuen Herausforderungen zu stellen. Sie wird auf der Sekem-Farm, die 1977 von Dr. Ibrahim Abouleish als eine ägyptische Kulturinitiative und ein soziales Unternehmen gegründet wurde, arbeiten. Die Farm befindet sich ungefähr 47 Kilometer von Kairo entfernt in einem ehemaligen Wüstengebiet.

In den folgenden Monaten wird die 20-jährige Jorinka ein großes Aufgabengebiet haben. Sekem ist Produzent verschiedener biologischer Lebensmittel, Gesundheitsprodukte und Textilien aus ökologischem Anbau. Daneben führt Sekem – im Pädagogischen und Sozialen an den Grundprinzipien der Waldorfpädagogik und der Anthroposophie orientiert – eine Anzahl von gemeinnützigen Institutionen, darunter ein Kindergarten, eine Schule mit heilpädagogischer Abteilung, ein Berufsbildungszentrum, eine Einrichtung für Erwachsenenbildung, eine Universität, ein Krankenhaus sowie ein Institut für angewandte Forschung.

Jorinkas Aufgaben liegen im Bereich der Pädagogik. Sie begleitet den Eurythmie-Unterricht in der Schule und Gemeinschaftsfeiern mit dem Klavier. Außerdem hilft sie den jüngeren Kindern, Singen und Bambusflöte spielen zu lernen und ein Gefühl für verschiedenste Rhythmen zu entwickeln. Ferner unterrichtet sie zusammen mit einer Lehrkraft Malen und perspektivisches Zeichnen in höheren Klassen und ist nach Schulschluss für den Kinderhort zuständig.
Bei all ihren Aufgaben kommt Jorinka die eigene Waldorfschulzeit sehr zugute. Da diese noch nicht lange zurückliegt, kann sie auf vieles zurückgreifen, das sie an die ägyptischen Verhältnisse anzupassen versucht. Nicht ganz leicht fällt ihr die Gewöhnung an das andere Klima, die kulturellen Unterschiede und daran, dass es abends immer bereits um 18 Uhr dunkel wird. Sie ist viel auf sich allein gestellt und erlebt in dieser Zeit ihre Kindheit und Jugend in ihrem Elternhaus in Deutschland als tragende Grundlage für die Herausforderungen in einer fremden Kultur.
Jorinka kann in ihren jungen Jahren tiefe Einblicke in eine andere Kultur erfahren: »Erst mal ist die Religion natürlich eine andere und bestimmt den Tagesablauf auf ihre Weise. Dann ist das Verhältnis zwischen Männern und Frauen größtenteils noch sehr konservativ, auch die Mentalität an sich ist einfach eine andere. Das lässt sich im Straßenverkehr sehr gut erkennen. Im ersten Moment hatte ich das Gefühl, mich in einem riesigen Chaos zwischen Eseln, meterhoch bepackten Pick-ups und im Gegenverkehr fahrenden Autos zu befinden. Aber dann wurde mir klar, wie sozial und achtsam die Ägypter eigentlich sind, wenn es darauf ankommt. Nicht nur im Straßenverkehr, sondern auch sonst. Sie sind wirklich sehr offene

und herzliche Menschen und respektvoll anderen Religionen und Bräuchen gegenüber. Es ist schön zu sehen, dass Muslime und Christen an diesem Ort ein friedliches Leben miteinander führen. Seit meiner Ankunft bekomme ich immer wieder ›Welcome to Egypt!‹ zu hören und werde freundlichst von allen Seiten mit Essen versorgt, denn dies ist in diesem Land eine religiöse Geste dem Gast gegenüber.«[5]
Jorinka hat sich in den acht Monaten die arabische Sprache zu eigen gemacht, wodurch sie sich bei den Schülern immer mehr durchsetzen und Freundschaften zu ägyptischen Lehrerinnen aufbauen konnte. Sie wurde in Familien und zu einer Hochzeit eingeladen, bereiste das Land und sang über viele Monate gemeinsam mit anderen Mitarbeitern der Sekem-Farm im Kairoer Opernhaus im Chor mit.

— Es ist Herbst, draußen ist es noch stockdunkel. Eigentlich bin ich immer die Erste am frühen Morgen gewesen, doch seit geraumer Zeit sitzt unser Sohn Jakob morgens um 5.30 Uhr in seine schwarze Schmied-Kluft gekleidet verschlafen auf dem Küchenstuhl. In einer halben Stunde geht sein Bus, der ihn in den 20 Kilometer entfernten Ort zu seiner Kunstschmiede bringt.
Bereits nach seiner Jahresarbeit »Schweißen eines künstlerisch gestalteten Stuhls« in der achten Klasse war ihm klar, dass er Kunstschmied werden wollte. Auf keinen Fall gleich nach dem Abitur studieren, war sein Slogan. Ob er das wohl an so manchem Morgen müde in der Küche sitzend bereut hat?
Jedenfalls hat es besonders in den kalten Wintermonaten, wenn ihm nicht nur die frostigen Temperaturen auf dem Ar-

beitsweg, sondern auch die morgendliche Kälte in seiner Schmiede unter die Haut ging, kleine Prüfungen gegeben. Doch wenn erst einmal die Kohle im Feuer glühte und der Schmiedehammer mit seinem charakteristischen metallischen Geräusch das Eisen formte, stand dort ein glücklicher Lehrling mit schwarzem Gesicht und schwarzen Händen und spürte seine Kraft bis in die Fingerspitzen und Oberarme. Wenn dann am Abend der Schlüssel in der Haustür ging, kam ein »schwarzer junger Mann« mit diesem eigenwilligen Geruch nach Kohle und Eisen an sich zur Tür herein, müde und erschöpft, aber in der Regel sehr zufrieden.
Die Lehre verlangte ihm tagsüber viel ab, sodass durch das frühe Aufstehen oft für die sozialen Kontakte nur am Wochenende Zeit blieb. Die körperliche Anstrengung forderte auch einen gewissen geistigen Tribut: Jakob erfuhr in dieser Zeit wenig geistige Anregungen und neue Begegnungen, wie sie Studenten ganz selbstverständlich erleben. Da gab es dann schon mal ein sehnsüchtiges Hinblicken auf das Studentenleben seiner Freunde.
Immer wieder klang der Gedanke an, sich nach den Lehrjahren für drei Jahre als Wandergeselle zu verpflichten, wie es schon sein großer Bruder getan hatte, doch die Sehnsucht nach Freiheit winkt heute mehr. Seit wenigen Tagen ist Jakob Geselle! In sein Gesellenstück sind noch einmal alle Erfahrungen der vergangenen drei Jahre auf ganz praktische Weise eingeflossen: Eine Schwengelpumpe sollte es werden, die dann später in unserem Garten über einen Brunnenzugang Wasser pumpen soll. Wie wunderbar, wenn von der Idee bis zur Ausführung alles dem Lehrling in die Hand gegeben wird und seiner Verantwortung unterliegt, und am Ende muss alles

passen, funktionieren und lebenstauglich sein. Eine bessere Vorbereitung auf das Leben kann man sich fast gar nicht vorstellen. Schließlich haben sich die dunklen Zeiten, die Herausforderungen, die das Leben gestellt hat, in Stolz und Sicherheit verwandelt.

Um das 20./21. Lebensjahr lässt sich zunehmend eine neue Qualität im Seelenleben des »Herangewachsenen« beobachten.

Wie wir in den vergangenen Kapiteln gehört haben, verändert sich die biografische Zielrichtung in Siebenjahresrhythmen, das Ich im Kind und Jugendlichen reift heran. Es lebt sich Stufe für Stufe in den Leib des Kindes ein: Im ersten Jahrsiebt ist es der Aufbau des Leibes, im zweiten geht es um die Ordnung des Gewohnheitslebens, und im dritten Jahrsiebt wird die Ordnung oder auch zeitweilige Unordnung der eigenen Seele gesucht. Von Raum zu Raum entwickelt sich das Ich zu einem lebensfähigen »Dirigenten des eigenen Seelenlebens«, um dann mit 21 vor die Tür zu treten und mit neuen Sinnen die Außenwelt zu betrachten. Diese wird dem jungen Erwachsenen nun Nahrung für seinen nächsten Lebensabschnitt.

Erst jetzt ist der bisher nur in der Anthroposophie so deutlich benannte Ich-Sinn, der eigentlich Du-Sinn heißen müsste, herangereift. Er ist die Frucht einer vorausgegangenen intensiven Eigenwahrnehmung über die vier basalen Sinne, den Tastsinn, Lebenssinn, Eigenbewegungs- und Gleichgewichtssinn, und führt jetzt in die Reifung der Sozialsinne: hinhören zu können, sprachliche Auseinandersetzungen führen und Worte gewissenhaft und genau gebrauchen zu können, eigene Gedanken zu führen und fremde Gedanken immer mehr aufnehmen, zulassen oder zumindest stehen lassen zu können, ein Gegenüber, ein Du, wahrnehmen zu können, also ein »Von sich selbst absehen Können«. Diese Voraussetzung braucht ein junger Mensch, wenn er eine fremde Kultur kennenlernen möchte oder wenn er sich in Lehr- und Wanderzeiten selbst führen muss.

— Ein Fazit aus Jorinkas Ägypten-Aufenthalt lautet: »Ich beobachte die anderen Menschen ganz genau und empfinde immer weniger überhaupt Vorurteile, sondern versuche, mich in sie hineinzuversetzen, um herauszufinden, was diesen Menschen so sein lässt, wie er ist.« – Eine Begegnung von Ich und Du.

Fragen zum Lebensalter der Ich-Geburt mit 21 Jahren

- Wodurch hatten Sie selbst das Gefühl, erwachsen zu werden?
- Wie lange haben Sie zu Hause gewohnt?
- Unter welchen Bedingungen sind Sie zu Hause ausgezogen?
- Hatten Sie sich schon im Elternhaus abgenabelt oder begann dieser Prozess mit dem Auszug?
- Welche Werte und Normen aus der Ursprungsfamilie haben Sie abgelegt?

- Haben Sie noch gegen die Eltern rebellieren müssen oder wurden Sie in Ihrer Entwicklung akzeptiert?
- Haben Sie alleine gewohnt oder in einer Wohn- oder anderen Gemeinschaft?
- Welchen Schulabschluss haben Sie gemacht? War dieser stimmig für Sie oder von außen bestimmt?
- Haben Sie frühzeitig eine Lehre begonnen? Wenn ja, wie kam Ihre Berufswahl zustande?
- Gab es Möglichkeiten, Praktika zu machen oder ein soziales Jahr, Zivildienst oder Ähnliches, oder haben Sie mit einem Studium begonnen?
- Konnten Sie reisen, neue Erfahrungen vor dem »Ernst des Lebens« sammeln?
- Konnten Sie Ihre Ideale verwirklichen?
- Haben Sie eine Krise um das 21. Lebensjahr erlebt?
- Fanden Sie Unterstützung durch Ihr Elternhaus oder mussten Sie sich alleine »durchbeißen«?
- Waren Sie in einer festen Beziehung? Was bedeutete der Partner für Sie? Oder waren Sie ein Single? Wenn ja, wie hat sich das angefühlt?
- Welche Bedeutung hatten Freunde in dieser Zeit für Sie?
- Was taucht in Ihnen für ein Bild bzw. ein Gedanke auf, wenn Sie an Ihren 21. Geburtstag denken?
- Welche Bedeutung hat Ihr erstes Erwachsensein für Ihre weitere Biografie?

Zwischen Sinn und Routine: Die Jahre zwischen 21 und 35: Weichenstellungen – Sackgassen – Befreiungsschläge

— Paula wollte nach ihrer Ausbildung zur Erzieherin unbedingt studieren. Zeitgleich mit ihrer Bewerbung um einen Studienplatz wurde sie mit 22 Jahren schwanger. Entgegen ihrer Lebensplanung heiratete sie und wurde Mutter eines kleinen Jungen.

Die Ehe dauerte genau zwei Jahre, dann war Paula alleinerziehende Mutter. Ein Trauma aus der eigenen Kindheit wiederholte sich. Sie wich diesem schmerzhaften Gefühl beständig aus. Ihr Leben und das ihres Sohnes waren von Betriebsamkeit geprägt.

Nach der Trennung zog sie in eine Frauenwohngemeinschaft, drei Frauen lebten mit ihren drei Kindern in einer großzügigen Altbauwohnung, in der »das Leben pulste«.

Dann gab es soziale Probleme, Paula zog mit Benjamin in die nächste WG, in der nur noch zwei Mütter und zwei Kinder wohnten. Als die andere Mutter mit ihrem Partner zusammenzog, wechselte Paula die WG. Jetzt stand das Leben auf dem Lande auf dem Programm. Erstmalig lebte jetzt auch ein alleinerziehender Vater mit in der WG, in der es auch einen großen Garten, Pferde, Hühner und Kaninchen gab. Für die Kinder ein Paradies.

Paula hatte inzwischen einen Studienplatz und studierte Sozialpädagogik, nebenher jobbte sie in einer Studentenkneipe in der Stadt. Sie bereiste zusammen mit ihrem Sohn und an-

deren Frauen mit Kindern Griechenland, Italien und Skandinavien. Das Leben war geprägt von Lebendigkeit, aber auch vielen Höhen und Tiefen.
Mit Paulas 29. Geburtstag, auf den nur wenige Tage später der tödliche Unfall ihres Partners folgte, fand eine große innere Einkehr statt. Paula verließ die WG und bezog gemeinsam mit Benjamin, der nun 7 Jahre alt war, eine kleine Stadtwohnung. Sie hatte ihr Studium beendet und arbeitete als Sozialpädagogin in einer Kindertagesstätte. Im Rückblick hatte sich die Besinnung auf sich selbst bereits mit 27 Jahren angekündigt. Eine Sehnsucht nach Kleinfamilie, mehr Intimität sowie Struktur und Rhythmus hatte sich mit der beginnenden Partnerschaft mit Joel in ihr bemerkbar gemacht. Diese musste sie nun ohne ihn gestalten. Was für eine biografische Herausforderung!

— Es ist fünf Uhr morgens, als Philipp verkatert aus der dunklen Kneipe ans Tageslicht tritt. Wieder einmal ist er »hängen geblieben«, hat mit seinen Freunden die Nacht zum Tag gemacht. Er steckt die Hände tief in seine Hosentaschen, schlägt den Jackenkragen hoch und macht sich auf den Weg nach Hause, wo ein leeres Bett auf ihn wartet.
Das war nicht immer so. Die letzten Jahre war er eigentlich nie wirklich allein. Wenn er nicht in einer festen Beziehung war, gab es wenigstens kleine Episoden mit Frauen, was ihm fast lieber war, denn sich allzu fest zu binden liegt ihm nicht.
Philipp wird demnächst 28 Jahre alt. Gleich nach der Schule zog es ihn in die Ferne. Mit 20 bereiste er mit einem Freund Australien, machte anschließend seinen Zivildienst in Süddeutschland, wo er Judith, seine große Liebe, traf. Gemeinsam zogen sie nach Berlin, um dort zu studieren.

Philipp hatte sich tief auf Judith eingelassen, mit ihr wäre er bis ans Ende der Welt gegangen. Nur Kinder wollte er keine. Selbst ein Scheidungskind, wollte er sich keinem Kind zumuten. Anders Judith, die zwei Jahre älter als er war und sich eine Familie wünschte.
Als Philipp 25 Jahre alt war, trennte sich Judith von ihm. Seitdem lebt er in einer Wohngemeinschaft, pflegt wechselnde Beziehungen, jobbt in einem Café und ist dabei, sein Architekturstudium zu beenden.
An diesem Morgen hat er trotz des Katers das Gefühl, in seinem Leben etwas ändern zu müssen. Mit Wehmut denkt er noch immer an Judith zurück.
Stimmte es wirklich für ihn, keine Kinder haben zu wollen? Oder fühlte er sich einfach noch nicht reif genug dafür?

— Tina, 34 Jahre, sitzt an ihrem Schreibtisch in der Anwaltskanzlei für Familienrecht. Sie schreibt das Protokoll eines Scheidungsverfahrens ab. Trennungsschicksale verschiedenster Art gehen täglich über Tinas Schreibtisch.
In den letzten Monaten kriselt es in der Beziehung von Tina und Jan. Sie leben seit sechs Jahren zusammen und haben eine 4-jährige Tochter. Alles drehte sich in den letzten Jahren um die Familie, was auch stimmig war. Aber die sozialen Kontakte litten darunter.
Vor einem halben Jahr hat Tina begonnen, wieder halbtags in ihrer alten Anwaltskanzlei zu arbeiten. Seit sie selber Familie hat, machen ihr die Mandantenschicksale immer mehr aus.
Die Krise in ihrer eigenen Beziehung beunruhigt sie, zumal sie außerdem seit drei Monaten unter Herz-Rhythmus-Störungen leidet.

Seit der Geburt von Solveig besucht sie Kurse in einer Elternschule, die sie sehr anregen, sodass sie schon mit dem Gedanken gespielt hat, sich beruflich zu verändern. Aber wie? Eigentlich fühlt sie sich schon jetzt überfordert. Tina hat manchmal den Eindruck, dass sie allem nicht mehr gerecht wird. Jan, der in seinem Beruf als Webdesigner die Erfolgsleiter betreten hat, signalisiert ihr seine Unzufriedenheit mit der Beziehung, denn in der Partnerschaft »läuft auch nicht mehr viel«. Wie auch, Tina hat im Moment genug mit sich selber zu tun …

Diese drei biografischen Verläufe geben Einblicke in Entwicklungen und Wendepunkte einer Biografie zwischen 21 und 35 Jahren, einer Zeit, in der die Seele Reifungsprozesse besonderer Art durchläuft. Der zweite Akt auf der Lebensbühne hat begonnen.

Früher nannte man sie die »Lehr- und Wanderjahre«, heute sprechen wir eher von Lern- und Ausbildungsjahren, in denen der junge Erwachsene durch Sozialpraktika, Zivildienst, Ausbildung und Studium eine Persönlichkeitsreifung erfährt. Aus früheren Idealen werden konkrete Vorstellungen und Ideen, die umgesetzt werden, wie bei Philipp, der nun die Kraft und Eigenständigkeit verspürte, nach Australien zu reisen. Es ist auch das Alter des Abenteuers, gepaart mit viel körperlicher Kraft und Hingabefähigkeit.

Die Wahrnehmungsfähigkeit für das Du intensiviert sich, ist jedoch noch stark von wechselnden Gefühlen impulsiert, weshalb es gerne auch zu wechselnden Partnerschaften kommt. Eine Gefühlspalette zu erleben, die Begeisterung, Mut, Liebe, aber auch Wut, Schmerz und Einsamkeit

beinhaltet, scheint eine Aufgabe für diese Zeit zu sein, denn diese gelebten Gefühle bilden das Fundament und Farbenspektrum für das spätere Seelenleben.
Die Sehnsucht, sich in und an der Welt zu erleben, macht auch bei jungen Erwachsenen wie Paula, die früh Eltern werden, nicht halt. Das Ich, der junge Dirigent des »Seelenorchesters« auf der Lebensbühne, steht nun im Zentrum des Geschehens, aber seine Durchsetzungskraft ist in der Entwicklungszeit der Empfindungsseele noch zart und unbeständig. Und nur allzu leicht lässt es sich von seinen Vorhaben ablenken.
Dennoch tritt zunehmend das Bedürfnis nach innerer und äußerer Ordnung in den Vordergrund. War der junge Erwachsene vorher noch von der Abnabelung vom Elternhaus und dem Abgrenzen von den dort bestehenden Werten und Normen bestimmt, beginnt im Alter von ungefähr 25 Jahren eine Art Selbsterziehung, die in eine neue Selbstständigkeit und Unabhängigkeit, sowohl von den Meinungen anderer Menschen als auch finanziell, führen kann.
Ungefähr mit 28 Jahren findet die »soziale Phase«, in der sich der Mensch durch die Gemeinschaft von Freunden getragen fühlen konnte, ihr Ende. In der Biografiearbeit nennen wir diese Phase auch die Talentkrise. Bis hierher können wir noch aus unseren Begabungen und Talenten schöpfen. Doch jetzt will und muss alles in uns neu ergriffen werden, damit wir nicht auf dem Niveau eines Endzwanzigers stehen bleiben.
Philipp hat ein schales Gefühl, ein neuer Schritt steht an, der, befruchtet aus den gelebten Erfahrungen der letzten Jahre, vollzogen werden will.

Der Mensch erscheint nun mehr in sich gekehrt, handelt überlegter. Er hat eine neue Einstellung zum Leben gewonnen. Jetzt beginnt der »Ernst des Lebens« wirklich! Beziehungen werden tiefer und verbindlicher, Ehen werden eingegangen und Kinder in das Lebenskonzept einbezogen. Das Ich löst sich aus der Weltzugewandtheit heraus, die Ideale und der jugendliche Enthusiasmus greifen nicht mehr. Der Mensch beginnt, seinen Weg mehr nach innen zu gehen.
Die Empfindungen verwandeln sich nun in nüchterne Verstandeskräfte. Die Persönlichkeit wirkt distanzierter, geschlossener und mehr auf sich selbst bezogen. Der Alltag bekommt mehr Klarheit und Struktur. Die »organisatorische Phase« im Lebenslauf beginnt.
Paulas WG- und Studentenleben fand mit 29 Jahren durch den Tod ihres Lebensgefährten ein jähes Ende, was ihr zu einer inneren Einkehr verhalf. Die eigene Wohnung mit ihrem Sohn, das abgeschlossene Studium brachten Ordnung und Rhythmus in ihr Leben, und es dauerte nicht lange, da konnte Paula ihre Sehnsucht nach Kleinfamilie mit einem neuen Lebenspartner verwirklichen.
Mit 28 Jahren zog Tina mit Jan zusammen. Als sie 30 Jahre war, kam Solveig auf die Welt. Während Jan sich seinem Beruf widmet und sich durch Erfolg bestätigt fühlt, erlebt Tina die Höhen und Tiefen des Mutterseins zu Hause und macht dabei ganz neue Erfahrungen, was dazu führt, dass sie ihren Beruf stärker reflektiert.
In der Beziehung hingegen tritt ein Mangel auf. Man hat sich, die Familie und das Berufsleben gut organisiert und dabei den anderen aus dem Blick verloren. Ein ganz alltägliches Aufwachmoment, das oft zu einer Art Bilanzziehen

führt: Will ich noch weiter in meinem Beruf tätig sein? Will ich wirklich mit diesem Partner mein Leben verbringen? Und so stellt sich die Sinnfrage neu und tiefer.
Wer solche Krisen bewältigt, wird danach ein ganzes Stück weiter zu sich erwacht sein und die Zusammenhänge und Erfordernisse des Lebens und der Welt neu und klarer sehen. Gelingt dies nicht, drohen Routine und Sackgassen.

Fragen zum Lebensalter zwischen 21 und 28 Jahren

- Wie haben Sie das erste Berufsleben empfunden?
- Wann sind Sie das erste Mal finanziell unabhängig gewesen?
- Haben Sie wechselnde Beziehungen gehabt oder eine feste Beziehung?
- Welche Formen des Zusammenlebens haben Sie kennengelernt?
- Welche Sehnsüchte hatten Sie, die Sie nicht leben konnten?
- Konnten Sie reisen, andere Kulturen kennenlernen?
- Haben Sie sich verlobt oder geheiratet?
- Haben Sie Kinder bekommen?
- Haben Sie Abtreibungen oder Fehlgeburten gehabt?
- Wie haben Sie das eigene Familienleben erlebt?
- Gab es Wiederholungen in Bezug auf Ihre Ursrprungsfamilie?

- Wer aus Ihrer Ursprungsfamilie lebte noch am stärksten in Ihnen weiter?
- Wie war Ihr Kontakt zu Ihrer Ursprungsfamilie?
- Gab es Trennungen? Wie sind Sie damit umgegangen?
- Haben Sie wechselnde Gefühle, Depressionen erlebt?
- Gab es Momente, in denen Sie über sich selbst hinausgewachsen sind?
- Welche Gefühle oder Ereignisse aus dieser Zeit leben noch heute in Ihnen weiter und behindern Sie in Ihrem Leben?
- Was konnten Sie als Frucht im Sinne einer wertvollen Erfahrung für Ihr Leben mitnehmen?

Fragen zum Lebensalter zwischen 28 und 35 Jahren

- Wie haben Sie den Übergang zwischen 28 und 30 Jahren erlebt?
- Gab es eine Krise im Sinne von »Das Alte trägt nicht mehr«?
- Gab es eine Art Desillusionierung?
- Wovon mussten Sie sich verabschieden?
- Wie sind Sie damit umgegangen? Welche Ausweichmanöver gab es?
- Was hat Ihnen geholfen, diese Krise zu bewältigen?
- Hat sich die Beziehung zu Freunden verändert?
- Hat sich Ihr Lebensstil verändert?

- Sind Sie in einer festen Bindung gewesen?
- Haben Sie eine Familie gegründet, Kinder bekommen?
- Wenn nein, gab es einen unerfüllten Kinderwunsch?
- Sind Sie beruflich aufgestiegen, haben Sie neue Aufgaben übernommen?
- Hat sich Ihr Lebensstatus verändert?
- Wie war Ihre Wohnsituation? Haben Sie sich neu gegründet (Hausbau, aus der Wohngemeinschaft in die eigene Wohnung oder Ähnliches)?
- Haben Sie neben Beruf und Familie Zeit für sich selbst gehabt?
- Konnten Sie Hobbys und Freundschaften pflegen oder haben Sie isoliert gelebt?
- Gab es besondere Ereignisse in den Jahren zwischen 30 und 33?
- Haben Sie eine Sehnsucht nach Religiosität oder Spiritualität verspürt?
- Wovon mussten Sie sich in diesem Jahrsiebt verabschieden?
- Was hat Sie in Ihrer Biografie bereichert und was gehindert?

Auf der Gipfelhöhe des Lebens: Die Jahre zwischen 35 und 42 – Midlife-Krise

— Tanja sitzt an der Nähmaschine und arbeitet ihre Aufträge vom Opernhaus, für das sie als Honorarkraft zu Hause Kostüme näht, ab. Sie ist 39 Jahre, Mutter von drei Kindern im Alter von 9, 13 und 15 Jahren und mit Axel, 41, verheiratet. Axel ist Rechtsanwalt in einer gut gehenden Kanzlei. Er hat ein hohes Arbeitspensum und kommt abends oft spät nach Hause, sodass für Familie und Partnerschaft wenig Zeit bleibt. Früher hat sich Tanja daran aufgerieben, litt unter dem Alleinsein und »Alleinerziehen«, wie sie es manchmal etwas sarkastisch nannte.

Tanja und Axel, beide in der Kindheit »Schlüsselkinder«, hatten sich bewusst entschieden, dass sie für die Erziehung der Kinder zu Hause blieb, was ihr besonders in den letzten Jahren immer schwerer fiel. Bis sie eines Tages eine Stellenanzeige der Oper in der Zeitung las, auf die sie sich meldete. Seit anderthalb Jahren arbeitet sie nun als Schneiderin für die Kostümbildnerei, zum Teil in Heimarbeit. Tanja entdeckt hierbei zunehmend ihre künstlerischen Fähigkeiten. Durch die Verbindung zum Opernhaus hat sie während der Anproben Kontakt zu den Schauspielern und verliebt sich in Antonio. Für Tanja eröffnet sich eine neue Welt, die sie schon als junge Frau beeindruckt hat. Sie geht öfter in die Oper, hört zu Hause laut klassische Musik, besonders gern Verdis *Aida*, und sehnt sich nach einem anderen Leben.

Innerlich zerrissen zwischen der Familie und ihren eigenen Bedürfnissen – am liebsten wäre sie Kostümbildnerin am Theater –, stellt sie alles auf den Prüfstand. Axel und Tanja

haben existenzielle Auseinandersetzungen, in denen sie ihm vorwirft, seine Karriere auf ihre Kosten gemacht zu haben, während er enttäuscht und frustriert feststellt, dass er sich im Beruf verausgabt und seine eigenen Bedürfnisse ebenso wie Tanja aus den Augen verloren hat.
Auch bei Axel kriselte es vor ein paar Jahren. Sein Seniorchef hatte ihm eine Notarstelle in Aussicht gestellt, was aber für Axel eine umfassende Fortbildung erforderlich gemacht hätte. Mit Rücksicht auf die Familie hatte er sich dagegen entschieden. Heute fragt er sich, ob er die richtige Entscheidung getroffen hat, da er sich im Kollegium manchmal »unter Wert« eingestuft fühlt. Minderwertigkeitsgefühle, die er bereits von früher kennt, machen sich hin und wieder breit. Tanjas Umbruch, ihre neue Lebendigkeit verunsichern ihn, lassen ihn eifersüchtig werden. Insgeheim ringt er mit Einsamkeit, einer inneren Leere – auch Verlustangst meldet sich. Tanjas Bewusstseinsprozess hat ihm seine eigene Lebenssituation ungewollt vor Augen geführt.
Beiden gelingt es schließlich trotz aller Spannungen, auf ihre drei Kinder zu blicken, mit Verantwortungsbewusstsein ihre Krise zu reflektieren und zu einer neuen Beziehungsgestaltung zu kommen.

Die Phase zwischen 35 und 42 Jahren ist für viele Menschen eine schwierige Zeit, sodass man gegenwärtig von der sogenannten »Midlife-Krise« spricht. Man hat sich in seinem Beruf, in der Familie eingerichtet, hat seine Potenziale und Grenzen erfahren, oder man lebt immer noch als Single und konzentriert alle Energie auf eine berufliche Karriere.

Die äußere Biografie stand bis zur Lebensmitte im Vordergrund. Leise beginnt nun die innere Biografie zu erklingen. Da jeder Mensch der Komponist seiner eigenen Lebensmelodie ist, erklingt ihr Weckruf auch auf individuelle Weise. Bei Tanja erfolgte dieser Ruf, ausgelöst durch ihre zunehmende Unzufriedenheit, über die Stellenanzeige des Opernhauses. Zeitlich fand dieses Ereignis in ihrem 38. Lebensjahr statt, der Zeit des »zweiten Mondknotens« in der Biografie (37 Jahre, 2 Monate und 18 Tage, siehe auch Seite 51). Zu diesem Zeitpunkt können viele Menschen deutlich eine Art »Echo« auf die ursprünglichen Motive und Impulse zu Beginn ihres Lebens als geistige Befruchtung erleben.
Der zweite Mondknoten ist meist der Knoten der Wende, vergleichbar mit der sommerlichen Jahreszeit. Der Blüten- und erste Fruchtzustand ist erreicht, jetzt kommt eine erneute Wachstumsphase. Dem kann oft eine Unzufriedenheit mit dem bisherigen Leben vorausgehen. Man hat den Berggipfel des Lebens erklommen und nun eine einmalige Sicht. Der Blick zurück in die Vergangenheit ist verbunden mit Sinnfragen wie:

- Welchen Wert hat mein Leben bisher gehabt?
- Welche Handlungsstrategien habe ich entwickelt?
- Wo bin ich gescheitert?
- Was erfüllt mich nicht mehr?

Es findet eine Art Selbsterkenntnis statt. Der Blick in die Zukunft fragt:

- Welchen Berg will ich noch erklimmen?

- Welche Aufgaben habe ich in der Welt?
- Wie viel Lebenszeit bleibt mir noch?

Der Blick nach oben fragt:

- Wie bin ich kulturell, spirituell, religiös eingebettet?
- Wie will ich alt werden?

Das Gipfelerlebnis in diesem Jahrsiebt kann zum Erlebnis einer neuen Geburt führen: Auf dem Gipfel beginnt die Seele sich zu öffnen und einer neuen Bewusstseinskraft teilhaftig zu werden. Axel wird durch Tanja auf seine Lebens- und Persönlichkeitsfragen gestoßen.
Steht der Beruf zu stark im Vordergrund, wird der Weckruf leicht verschlafen.
In Frauenbiografien ist es oft nicht der Beruf, sondern es sind die Mutterschaft und die Versorgung der Familie, die im Vordergrund stehen und für Zerrissenheit und ein Zurückdrängen der persönlichen Wünsche und beruflichen Aufgaben sorgen. Hier kann man von einem »Stauungsphänomen« in der Biografie sprechen. Ähnlich wie bei einem Staudamm werden die Impulse und Erfahrungen während der Familienjahre zusammengedrängt. Hat sich eine gewisse Fülle gebildet, was individuell unterschiedlich ist, muss die Staumauer geöffnet werden, damit die zurückgestaute Lebensenergie in die richtige Richtung fließen kann.
Tanja liebte ihren Beruf als Schneiderin, aber in der alten Weise genügte er ihr nicht mehr. Am Opernhaus entdeckte sie ihre kreative, künstlerische Seite und suchte nach Wegen, diese weiter auszubilden. Ihre Hingabe an die Musik

mündete in die Mitgliedschaft im Opernchor. Dass sie sich in Antonio verliebte, ermöglichte es ihr, ihr Seelisches so zu öffnen, dass sie Veränderungen herbeisehnte; in ihrem Fall musste das nicht zu einer Trennung führen, denn Axel und sie haben es geschafft, ihrer Partnerschaft neue Impulse zu geben.

Nicht selten bedeutet die »Midlife-Krise« aber auch einen Partnerwechsel, um die Routine des Alltags zu durchbrechen und den Weg mit einem neuen Menschen fortzusetzen. Wir sprechen heute immer mehr von »Lebensabschnittsgefährten« und meinen damit vielleicht auch die karmischen Begegnungen, die oftmals an solchen Wendepunkten im Leben auch ihr Ende finden. Denn trotz allem Ringen in einer Beziehung kann eine solche auch im vergangenen Lebensabschnitt ein Ende gefunden haben. Mit dem Wachstum der Partner kann ein Stillstand in der Beziehung eintreten, der dann gegebenenfalls mit einem neuen Partner durch ganz neue Impulse verwandelt werden kann. Allerdings sollte damit möglichst eine innere Entwicklung und Wandlung einhergehen.

Dieses Lebensalter ist vergleichbar mit einer Raupe, die einen Kokon um sich spinnen muss. In diesen Kokon schlüpft der Mensch und leistet oft unter Einsamkeit seine Selbstbesinnungsarbeit, um sich dann im Alter von etwa 40 Jahren in neuer, innerer Freiheit schmetterlingsgleich über sich selbst zu erheben.

— Martin, in seinem ersten Beruf Landwirt, lebte bis zu seinem 38. Lebensjahr mit seiner Frau und seinen Kindern auf einem eigenen Hof. Martin widmete sich mit Leib und Seele

den Kindern und dem Hof. Ida arbeitete in ihrem Beruf als mobile Physiotherapeutin. Nach außen waren sie mit ihrer langjährigen Beziehung für andere ein vorbildliches Paar, das sehr bewusst mit Lebensfragen umging. Aber auch sie durchlebten Beziehungskrisen, deshalb machten beide eine Therapie, um ihre Strukturen aus den Ursprungsfamilien zu bearbeiten.
Als deutlich wurde, dass beide Altlasten aus ihren schwierigen Familienverhältnissen mit sich herumtrugen und diese immer wieder zur Vermeidung von unterschwelligen Konflikten führten, welche sie auch in einer Paartherapie nicht befriedigend bearbeiten konnten, kam es zu einer Trennung.
Martin zog auf Idas Wunsch aus und musste die Kinder und den Hof zurücklassen. Er geriet in eine heftige Lebens- und Sinnkrise, die er durch eine Biografiearbeit in einer Gruppe zu bearbeiten versuchte. Hier begegnete er Sophia zum ersten Mal. Durch sie bekam er den entscheidenden Impuls: Er orientierte sich mit 40 Jahren durch die Berührung mit der Anthroposophie beruflich völlig neu, besuchte ein Waldorflehrerseminar und wurde nun mit Leib und Seele Lehrer. Dadurch hatte er zu seinen Kindern über viele Jahre täglichen, kontinuierlichen Kontakt. Sophia wurde seine zweite Lebensabschnittsgefährtin.

Auch bei Martin ist eine einschneidende Veränderung im Zeitraum seines zweiten Mondknotens zu beobachten. Die folgende Krise war mit einem Weckruf verbunden, der ihm eine ganz neue persönliche und berufliche Richtung wies.
In beiden biografischen Beispielen wird deutlich, dass in dem Lebensabschnitt zwischen 35 und 42 Jahren eine neue

Art von »seelischer Innenarbeit« zutage tritt. Die Kraft der Bewusstseinsseele, durch welche eine größere Übersicht, ein neuer Ausblick vom »Gipfel der Biografie« erst jetzt möglich wird, und oftmals auch die schicksalhaften Begegnungen zum rechten Zeitpunkt am richtigen Ort verhelfen dem Menschen in zunehmendem Maße, bei sich anzukommen.

Fragen zum Lebensalter zwischen 35 und 42 Jahren

- Wann setzte bei Ihnen eine Midlife-Krise ein?
- Gab es einen äußeren Anlass oder kündigte sich eher eine innere Krise an?
- Haben Sie ein erstes Nachlassen Ihrer Lebenskräfte gespürt?
- Haben Sie einschneidende Veränderungen im 38. Lebensjahr (zweiter Mondknoten) erlebt?
- Worauf haben diese Sie hingewiesen? Wie sind Sie damit umgegangen?
- Welches waren Ihre zentralen Lebensfragen?
- Waren Sie zufrieden mit der Wahl Ihres Berufes?
- Gab es Fragen, die von außen an Sie herangetragen wurden?
- Tauchten alte Lebensmotive, berufliche Ideale auf, die Sie beschäftigten?
- Konnten Sie Ihre Potenziale ausleben oder mussten Sie sich durch Familie und Kinder zurücknehmen?

- Was ist durch Ihre Kinder Neues in Ihr Leben gekommen?
- Wie lebten Sie Ihre Partnerschaft?
- Lebten Sie in einer heterosexuellen oder einer homosexuellen Beziehung?
- Gab es Fragen an den Partner, an die Lebensweise?
- Haben Sie eine Trennung erlebt? Gab es Trennungsgedanken oder wurde Ihre Beziehung erneuert? Auf welche Weise?
- Haben Sie ein neues »Selbst-Bewusstsein« entwickeln können?
- Haben Sie tiefgreifende Begegnungen in diesem Jahrsiebt gehabt?
- Wenn ja, was hat dieser Mensch in Ihnen ausgelöst, was konnten Sie durch diese Begegnung entwickeln?
- Welche Früchte können Sie aus diesem Jahrsiebt sammeln?
- Welche Herausforderungen leben noch heute in Ihnen weiter?

Aufbruch zu neuen Ufern: Die 40er-Jahre – Marsphase

— Nicole feiert ihren 43. Geburtstag in einem Sanatorium. Sie muss innehalten: körperliche Erschöpfung, seelische Fülle – und das nicht nur im negativen Sinne. Sie lebt seit acht Jahren in einer Patchworkfamilie: meine – deine – unsere Kinder! Sie blickt auf ihre Kindheit und die vergangenen 22 Jahre im Rahmen einer Biografiearbeit zurück. Viel gibt es anzuschauen, zu verstehen und zu integrieren. Die letzten 20 Jahre seit der Geburt ihres ersten Kindes waren vom Kampf ums Überleben (ein bekanntes Gefühl aus der eigenen Kindheit) gekennzeichnet. Viel zu früh in die Verantwortung genommen, versuchte sie allen Aufgaben gerecht zu werden: dem Kind die nötige Geborgenheit zu geben, dieses und sich selbst zu versorgen und trotzdem noch am Leben teilzuhaben.

Sie vermied es, in die Arbeitslosigkeit zu kommen, weil sie kein Hartz IV in Anspruch nehmen wollte, und zerriss sich zwischen der Verantwortung für ihr Kind und den beruflichen Anforderungen als Medizinisch-technische Assistentin in einer Klinik. Nicole wollte »es besser machen« als ihre Eltern.

Mit 31 Jahren erkrankte sie erstmalig an gutartigem Gebärmutterhalskrebs, nachdem der von ihnen getrennt lebende Vater ihres Kindes wegen verschiedener Drogendelikte ins Gefängnis gekommen war. Sie besuchte ihn regelmäßig, um den Kontakt für das Kind zu erhalten, aber auch weil sie den Freiheitsentzug nicht ertragen konnte. Nicole ging hierbei wieder einmal über ihre Grenzen. Grenzen, die sie selbst in ihrer Kindheit durch einen Mangel an Fürsorglichkeit, Schutz und Vertrauen nie richtig kennengelernt hatte.

Es folgte ein Burn-out, das sie in einer psychosomatischen Klinik auskurierte. Hier konnte sie sich erstmals von außen spiegeln und ihre inneren Strukturen erkennen.
Kurze Zeit später lernt sie einen alleinerziehenden Vater mit Tochter kennen. Sie verliebt sich in Rainer, und beide planen ein gemeinsames Leben. Als wenige Monate vor dem Umzug bei der 10-jährigen Tochter von Rainer Leukämie diagnostiziert wird, gerät das Lebenskonzept beider aus den Fugen. Sie ziehen nicht zusammen, Nicole pflegt die Tochter bis zum Tod mit, dann trennen sich ihre Wege.
Ein halbes Jahr später bricht bei Nicole zum zweiten Mal die Krebskrankheit aus. Wieder gutartig – Glück gehabt!
In einer Trauergruppe lernt sie Jasper kennen. Eine tiefe Liebe nimmt ihren Anfang und mündet in eine Patchworkfamilie. Nicole kommt in ihrer Lebensmitte erstmalig wirklich bei sich an. Sie wird mit 35 Jahren noch einmal Mutter und erhält durch die neue Familiensituation drei »Bonus-Kinder« hinzu. Heute, mit 43 Jahren, blickt sie mit Dankbarkeit auf die Erfahrungen in ihrem Leben zurück. Sie hat gerade eine Ausbildung zur Heilpraktikerin für Psychotherapie abgeschlossen und fühlt sich bei sich angekommen. Endlich »erwachsen«!

— Fünfzehn Frauen besuchen seit drei Tagen das Existenzgründungsseminar im Frauennetzwerk und folgen gespannt den Informationen der Dozentin über Buchführung. Darunter auch Magdalena K., Physiotherapeutin, 47 Jahre alt. Sie hat bisher als Angestellte in verschiedenen Praxen gearbeitet. Jetzt will sie sich selbstständig machen, da sie zunehmend eine innere Unfreiheit und Unzufriedenheit in ihrem jetzigen Arbeitsverhältnis erlebt.

Magdalena hat sich auf verschiedenen Gebieten durch Fortbildungen spezialisiert und spürt, wie ihre ungenutzten Potenziale aufblühen. Manchmal weiß sie gar nicht genau, woher ihr der Mut erwächst, diesen Schritt zu tun. Sie ist sich einfach sicher, dass »es« jetzt dran ist.
Eigentlich hat sich die Idee schon mit ihrem 43. Geburtstag angekündigt. Damals bekam sie eine Anfrage einer älteren Kollegin, deren Praxis zu übernehmen, doch fehlten ihr zu dem Zeitpunkt die innere Sicherheit und auch der äußere Freiraum, da noch zwei Kinder vor den Schulabschlüssen standen.
Anders heute: Magdalena spürt eine neue Kraft in sich: »Endlich darf ich mir gehören«, sagt sie über sich.
Sie hat ganz genaue Vorstellungen von ihrer Praxis. Parallel dazu arbeitet sie an ihrer Website, verteilt Flyer und stellt sich bei Ärzten vor. Sie strahlt dabei Überzeugungskraft, Klarheit und Professionalität aus.
Magdalena hat sich vor zwei Jahren von ihrem Mann getrennt, weil es im Laufe der Ehezeit bei ihm immer mal wieder zu Außenbeziehungen kam, was sie sehr kränkte und wodurch sie sich von ihm innerlich entfernte. Durch die Trennung hat Magdalena zu einem neuen Selbstbewusstsein gefunden, mit dem sie ihre neuen Lebensziele verwirklichen kann.

»Das Leben beginnt mit 40« lautet eine Redensart. Die sogenannte »Midlife-Krise« kann sich bis in die 40er-Jahre erstrecken und für Irritationen im Alltagsleben sorgen. Sie hat zum Ziel, den Menschen über sein Alltags-Ich hinauswachsen zu lassen, und wirkt im Sinne einer strengen Prüfung: Bin ich am Wesentlichen meiner Lebensaufgabe dran? Jetzt erst sind wir wirklich erwachsen.

Unser Seelisches konnte im zweiten Akt der Biografie, in der Lebensphase zwischen 21 und 42 Jahren, differenzierte seelische Qualitäten ausbilden, die den Menschen im Alter von etwa 40 Jahren geschlossener, verantwortungsbewusster und verantwortungsfähiger sein lassen. Der Dirigent, unser Ich, kann sein Seelenorchester nun harmonischer dirigieren.

In dieses Jahrsiebt wirken planetarische Kräfte hinein, Marskräfte. Die Marskraft wirkt durch und durch männlich. Das Marszeichen wird ja auch als Symbol für das Männliche verwandt: ♂. Aber diese Kraft gilt in diesem Jahrsiebt auch für die Frauen: Größere Bodenständigkeit, Mut, Klarheit, Zielgerichtetheit und eine gewisse innere Kraft werden in dieser Zeit Begleiter in der Biografie.

Doch gleichzeitig beginnen die Lebenskräfte abzunehmen, was nicht selten auch für Identitätskrisen sorgt. Andererseits wachsen im Innern neue Kräfte heran, durch die eine größere Klarheit und Überschau in Bezug auf die Weltzusammenhänge wie auch uns selbst gegenüber zutage treten. Der Mensch hat bis zur Lebensmitte sein biografisches Instrument übend beherrschen gelernt, jetzt beginnt er mehr kreativ eigene Kompositionen zu spielen. Die ersten Lebensfrüchte werden geerntet.

Bei Frauen mündet diese Phase am Ende der 40er-Jahre in die Menopause. Die Zeit der körperlichen Fruchtbarkeit geht ihrem Ende entgegen; jetzt besteht die Chance, »geistige Kinder« zu gebären.

Magdalena fühlt eine neue Kraft in sich, sie benennt sie mit dem Satz: »Endlich darf ich mir gehören.« Dem kann eine Angst vor dem Älterwerden entgegenstehen, welche die Illusion einer »zweiten Jugend« heraufbeschwören und durch betont äußerliches Junghalten von den wesentlichen Aufgaben ablenken kann.

Fragen zum Lebensalter zwischen 42 und 49 Jahren

- Wie haben Sie den Übergang in die 40er-Jahre erlebt?
- Haben Sie Einsamkeitsgefühle gehabt, sich auf sich selbst zurückgeworfen gefühlt?
- Haben Sie ein Abnehmen Ihrer physischen Kräfte verspürt?
- Wie sind Sie damit und mit dem Verlust der Anmut umgegangen?
- Gab es Krisen in diesem Jahrsiebt?
- Haben Sie sich diesen mutig gestellt oder sind Sie ausgewichen?
- Wie war Ihre Beziehung zu Ihren Kindern? Konnten Sie loslassen?
- Wie war Ihre Beziehung zu Ihrem Partner? Hatten Sie Entwicklungsmöglichkeiten?
- Haben Sie sich noch einmal neu verliebt?
- Leben Sie in einer Patchworkfamilie? Welche Fragen stellten sich Ihnen neu?
- Gibt es Wiederholungen in Ihrem Leben? Erlebnisse, Gefühle, die Sie schon lange kennen und die sich Ihnen wiederholt aufdrängen?

- Spürten Sie Authentizität in Ihrem Handeln oder waren Sie noch an alte Werte und Normen gebunden?
- Haben Sie eine Lebensverarbeitung (Biografiearbeit, Therapie) gemacht?
- Welche berufliche Perspektive hatten Sie? Gab es noch unentdeckte Potenziale?
- Konnten Sie neue Lebensziele entwickeln und verwirklichen?
- Wie war Ihr Umgang mit jüngeren Kollegen? Verspürten Sie Konkurrenzgefühle?
- Wie haben Sie als Frau den Beginn der Wechseljahre erlebt?
- Konnten Sie den Verlust des biologischen Rhythmus in neue Rhythmen im Alltag verwandeln?
- Haben Sie von Ihrem Partner Unterstützung erfahren?
- Gab es einschneidende Erkrankungen in diesem Jahrsiebt?
- Haben Sie mit den abnehmenden weiblichen Kräften Ihr männliches Potenzial entdecken und nutzen können?
- Haben Sie in diesem Jahrsiebt gelernt, sich Zeit für sich zu nehmen und zu pflegen?
- Haben Sie am Ende dieses Jahrsiebts eine größere Überschau und mehr Gelassenheit erleben können?
- Welche Früchte können Sie aus diesem Jahrsiebt sammeln?
- Welche biografischen Themen sind für Sie offen geblieben?

Herbst in der Biografie: Die Jahre um 50 – Jupiterphase

Hart setzt der Flieger auf der Landebahn auf. Florian T. lehnt sich erschöpft zurück. Hinter ihm liegen anstrengende Tage. Er kommt von einem Kongress aus Südafrika zurück, auf dem er zwei Vorträge gehalten und diverse Gespräche geführt hat.
Florian T. ist 55 Jahre alt und Ingenieur für Solartechnik. Er ist seit einigen Jahren auf seinem Gebiet sehr gefragt und international tätig. Man schätzt neben seinem hohen Fachwissen seine Warmherzigkeit und souveräne Art, die ihn schnell zum Vertrauten werden lassen.
Florian genießt seinen beruflichen Erfolg, doch beunruhigt ihn seit Längerem sein Gesundheitszustand: Er fühlt sich häufig unter Druck, leidet unter Schlafstörungen, und vor ein paar Wochen diagnostizierte sein Arzt bei ihm Bluthochdruck. Seitdem fühlt sich Florian verunsichert. Nachts wälzt er sich im Bett hin und her; die Angst vor einem Herzinfarkt sitzt ihm im Nacken.
Seine Frau ist einerseits besorgt um ihn, andererseits auch ärgerlich darüber, dass er so wenig Zeit mit ihr verbringt. Vor einem Jahr ist das letzte der vier Kinder ausgezogen. Besonders im ersten halben Jahr hat sie unter dem »leeren Nest« sehr gelitten. Kein Trällern der Tochter mehr im Haus, kein Gesprächspartner, wenn Florian auf Geschäftsreisen ist – und überhaupt diese ganz neue Lebenssituation für sie als Paar »ohne Kinder«! Sie sehnt sich nach mehr Ruhe und Gemeinsamkeit mit ihrem Mann.

Florian erlebt seine Erschöpfung meistens erst, wenn er zu Hause ist, manchmal fühlt er sich depressiv und weiß nicht damit umzugehen. Er spürt, dass Veränderungen in seinem Leben anstehen, scheut sich aber, Entscheidungen zu treffen, weil er nicht weiß, welche die richtige wäre.

Der Übergang in die 50er ist für viele Menschen ein schmerzhafter Prozess; die Konfrontation mit dem Alter zeigt sich deutlicher: Eine erste Welkheit des Körpers wird sichtbar. Statt äußerer Anmut bedarf es nun mehr einer inneren Schönheit: Milde im Umgang mit Jüngeren, aber auch mit sich selbst. Ausgeglichenheit und innere Ruhe, Einfühlungsvermögen, eine größere Überschau und Weitblick sowie besonnenes Handeln sind jetzt Qualitäten, die es zu entwickeln gilt. Stand in den 40ern die Selbstverwirklichung im Vordergrund, ist es nun die zunehmende Selbstlosigkeit.

In diesem Jahrsiebt herrscht die Kraft des Planeten Jupiter vor. Jupiter ist ein königlicher Planet und zeigt den hellsten Glanz unter den Planeten. Wir kennen als die männliche Seite des Jupiter »Zeus«, den Herrscher des Universums, und als die weibliche Seite »Athene«, die aus dem Haupt des Jupiter entstanden ist. Sie ist die Göttin der Strategie und war Beschützerin der Stadt Athen. Beiden steht der weisheitsvolle Glanz zu, der in uns die Lebensweisheit anregt. Sehr leicht kann dabei aber aus einem Herrscher ein Beherrscher werden.

Viele Menschen haben in diesem Alter Führungsaufgaben zu erfüllen, bei denen genau diese Eigenschaften benötigt werden. Das Denken weitet sich, wird global, wie bei

Florian. Er hat seine Kompetenzen jahrelang weltweit zur Verfügung gestellt. Oft ist er dabei über seine physischen Grenzen gegangen. Der Bluthochdruck scheint der Preis dafür zu sein. Gerade in der Zeit zwischen 50 und 60 Jahren reagiert das Herz-Kreislauf-System besonders anfällig, sodass seine Ängste vor einem Herzinfarkt berechtigt sind. Die Weisheit des Körpers will Gehör finden. Wie soll das Herz einerseits Weisheit, Milde und Selbstlosigkeit als seelische Qualitäten entwickeln, wenn es andererseits physische Höchstleistungen erbringen muss?
Jetzt gilt es, die Aufgaben nicht mehr alleine zu bewältigen, sondern Nachwuchs heranzuziehen. Delegieren heißt das Zauberwort in dieser Lebensphase.
Mit 55 Jahren und 10 Monaten erleben wir den sogenannten dritten Mondknoten: Verlusterlebnisse, Abbrüche von Beziehungen, Umbrüche und nicht selten auch Unfälle sorgen für einen scheinbaren Rückschritt: Dabei wird aber eigentlich das Wesentliche vom Unwesentlichen befreit. Es ist Herbst in der Biografie, und die Lebensstürme lassen alte Gewohnheiten, nicht mehr vom Ich genügend Durchdrungenes brechen.
Dies kann ein schmerzvoller Prozess sein. Er dient der Entwicklung neuer Fähigkeiten im nächsten Lebensabschnitt.
Auch in der Partnerschaft beginnt eine neue Lebensphase: Die Kinder sind erwachsen, das Nest ist leer und bedarf nun der gemeinsamen Aufmerksamkeit und Pflege, damit die Beziehung eine Vertiefung erfahren kann.

Fragen zum Lebensalter zwischen 49 und 56 Jahren

- Was bedeutete für Sie der 50. Geburtstag? Mit welchen Gefühlen haben Sie ihn gefeiert?
- Sind Sie in diesem Alter des Öfteren über Ihre Kräfte gegangen?
- Haben Sie Herz-Kreislauf-Erkrankungen erlitten (Bluthochdruck, Herzsensationen oder -infarkt)?
- Gab es andere Krankheiten oder Unfälle, an denen Sie erwacht sind?
- Haben Sie ein Erschöpfungssyndrom oder ein Burnout erlebt?
- Sind Sie arbeitslos oder Frührentner geworden?
- Konnten Sie Ihr Wissen und Ihre Lebenserfahrung an andere weitergeben?
- Haben Sie Führungsaufgaben erfüllt?
- Waren Sie selbstständig?
- Gab es ein gutes Maß zwischen Freizeit und Beruf?
- Welche Werte waren für Sie von Bedeutung?
- Welche Bedeutung haben Religion und Spiritualität in Ihrem Leben?
- Wie haben sich Ihre Familienverhältnisse verändert?
- Haben Sie ein »Leeres-Nest-Syndrom« erlebt?
- Hat Ihre Partnerschaft eine neue Qualität bekommen?
- Haben Sie um das 56. Lebensjahr (dritter Mondknoten) Veränderungen, starke Um- oder Abbrüche erlebt?

- Sind Sie zu Selbsterkenntnis und Selbsterziehung im Sinne des Umarbeitens Ihrer Schwächen gekommen? Konnten Sie eingefahrene Gewohnheiten verändern?
- Was ist für Sie das »Denkmal« aus diesem Jahrsiebt?

Das Wesentliche erkennen und vom Unwesentlichen trennen: Die Jahre von 56 bis 63 – Saturnphase

— Sabine arbeitet seit 18 Jahren als Sozialpädagogin beim Jugendamt im Bereich der Vermittlung und Betreuung von Kindern in Pflegefamilien. Sie war bisher eine engagierte, beliebte Kraft, die viele Aufgaben übernommen hat, besonders seit ihre eigenen Kinder aus dem Haus waren.
Kürzlich feierte sie ihren 60. Geburtstag, den sie wie einen Schwellenübertritt erlebte.
Sabine ringt mit der »Schnelllebigkeit unserer Zeit«, wie sie es nennt. Der erhöhte bürokratische Aufwand, neue Paragrafen, wie überhaupt die Computertechnik überfordern sie zunehmend und ziehen die Kräfte von ihrer »eigentlichen Tätigkeit« mit den Pflegefamilien ab.
In den Sitzungen blickt sie bewundernd auf die Kompetenzen der jüngeren Kolleginnen, die mal eben eine Powerpoint-Präsentation aus dem Ärmel schütteln. Wenn sie nach Hause kommt, fühlt sie sich oft erschöpft und findet wenig Ausgleichsmöglichkeiten.
Häufig spielt Sabine mit dem Gedanken, vorzeitig in den Ruhestand zu gehen, hat aber gleichzeitig Angst vor diesem Schritt.
Ein Gespräch mit einer bereits pensionierten Kollegin regt sie an, sich ihre früheren beruflichen Ziele noch einmal vor Augen zu führen. Sabine entwickelt daran neue Initiativkraft. Sie fasst ihre Erfahrungen der letzten Jahre in einem Leitfaden für den Umgang mit Pflegekindern und deren Familien zusam-

men und möchte diesen den jüngeren Kollegen zur Verfügung stellen. Diese sich selbst gestellte Aufgabe erfrischt sie sehr und schenkt ihr eine neue Sinnhaftigkeit für ihren letzten Berufsabschnitt.

— Michaela saust wie jeden Morgen durch das Haus, versorgt ihre drei großen Hunde, verabreicht dem schwer kranken Vater, der in der Wohnung nebenan lebt, die Medikamente, richtet einen letzten Blick in den Spiegel, ordnet ihr Haar und zieht mit dem Lippenstift die feinsinnigen Lippen nach. Sie ist zufrieden mit ihrem Aussehen: eine gepflegte Endfünfzigerin, leicht gebräunt, immer noch modisch gekleidet, attraktiv, und so mancher Mann dreht sich nach ihr um, wenn sie in ihrem grünen Cabrio durch die Kleinstadt fährt.
Michaela ist Besitzerin eines mittelgroßen Hotels, welches sie gemeinsam mit ihrem Mann seit 20 Jahren engagiert führt. In letzter Zeit hat sie allerdings das Gefühl, dass sie körperlich sehr abbaut. Am Abend schläft sie vor Erschöpfung auf dem Sofa ein, auf alles muss sie sich unglaublich konzentrieren, um ja nichts zu vergessen in dem oft hektischen Alltag.
So auch heute Morgen. Sie zieht voll bepackt mit Blumen und anderen Arrangements die Haustür hinter sich zu, öffnet mit der Fernbedienung ihr Cabrio, und da die warme Septembersonne lockt, beschließt sie, noch schnell mit laufendem Motor das Cabrio-Dach zu öffnen und sich mit einem Bein im Auto, das andere noch draußen ihren Mantel umzulegen. In dem Moment rollt der Wagen los, sie gerät aus dem Gleichgewicht, und das eigene Auto fährt ihr über den linken Fuß, das Bein und macht kurz vor dem Brustkorb halt. Ihre lauten Schreie wecken ihren Mann, der mit Geistesgegenwart und

all seinen Kräften das Auto von vorne anhebt, um seine Frau zu befreien.
Das war trotz Krankenhausaufenthalt Glück im Unglück. Gar nicht auszumalen, was alles hätte passieren können. Michaela glaubt seit diesem Ereignis an Schutzengel.
In den folgenden Wochen leidet sie unter enormen Schmerzen, ist an das Haus gebunden und arbeitsunfähig. Genug Zeit, um das unruhige Leben der vergangenen Jahre Revue passieren zu lassen.
Michaela möchte etwas ändern in ihrem Leben. Sie fühlt, dass die Lebenskräfte abnehmen, dass sie sich körperlich »heruntergewirtschaftet« hat und wenig Zeit für sich hatte. Der Unfall scheint wie ein Weckruf zu mahnen.
Sie denkt über den Sinn ihres Lebens, die vielleicht nur noch begrenzte Zeit nach und beginnt andere Prioritäten zu setzen. Seit dem Unfall jedenfalls nimmt sie regelmäßige »Auszeiten«, unternimmt Kreuzfahrten, bereist andere Länder und ist gerade dabei, sich ein kleines Apartment in Waldesnähe nur für sich selbst einzurichten. Jetzt ist nicht mehr nur der Gast König!

Im Übergang in die 60er-Jahre erleben viele Menschen eine starke Konfrontation mit dem physischen Altern. Die körperlichen Kräfte nehmen ab: Die Knochen werden brüchiger, Hör- und Sehkraft und Gedächtnis lassen nach. Der Zenit des Lebens ist bereits länger überschritten, und die Auseinandersetzung mit dem Ende der Berufstätigkeit, aber auch dem Leben überhaupt, rückt stärker in den Vordergrund. Es findet eine Bestandsaufnahme statt:

- Welches sind die Früchte des eigenen Wirkens?
- Was hatte ich mir im Leben vorgenommen?
- Was habe ich davon verwirklichen können?
- Was möchte ich noch umsetzen?

In dieses Jahrsiebt wirkt stark die Saturnkraft herein. Alte Darstellungen des Saturngottes zeigen ihn als Skelett mit einer Sense, mit der er die reifen Früchte des Lebens ernten möchte. Durch die Saturnqualität gelangen wir an den Kern der Dinge, gelangen forschend mit unserem Denken in die Tiefe, um an die innerste Substanz zu kommen. Im Bild unseres Leibes geschaut wird uns mit zunehmendem Alter unser Knochengerüst, unser Skelett vor Augen geführt. Die Abbauprozesse im Körper nehmen Jahr für Jahr zu und können uns im Schmerz unseren Leib zum Bewusstsein bringen.

Dies kann ein sehr belastender Prozess sein, in dem sich »Versäumtes« aus dem Leben aufdrängt und für Schuldgefühle sich selbst gegenüber und Unzufriedenheit sorgen kann. Bleibt man am Äußeren des Lebens hängen, stellen sich leicht Konkurrenzgefühle gegenüber Jüngeren, vielleicht sogar Frustration und Bitterkeit ein und schneiden uns von den Aufgaben dieses Lebensalters ab.

Bei Sabine können wir diese Gratwanderung erleben; erst als sie sich auf das für sie Wesentliche besinnt, kommt sie mit sich in Einklang und wird zur »wissenden« älteren Kollegin.

Es wird stiller um einen in diesem Alter, was nicht heißen muss, dass man nichts mehr zu sagen hätte. Mit dem Abnehmen der physischen Kräfte findet eine größere Verinnerlichung, eine seelisch-geistige Vertiefung statt, weshalb diese Entwicklungszeit auch als »mystische Phase« bezeichnet werden kann. Jetzt braucht unser Körper, der lange Zeit unser Diener war, bis ins hohe Alter hinein ausreichend Zuwendung: Gesunde Ernährung, genug Bewegung sowie die Belebung unseres Gehirns wirken frühzeitiger Sklerose entgegen.

Fragen zum Lebensalter zwischen 56 und 63 Jahren

- Erinnern Sie sich noch einmal an Ihren dritten Mondknoten, den »Herbstschnitt« in Ihrer Biografie. Worauf hat er Sie hingewiesen?
- Wie war der Übergang zum 60. Lebensjahr?
- Haben Sie ein verstärktes Nachlassen Ihrer Sinnesorgane bemerkt (Hör-, Seh- und Geschmackssinn)?
- Verspüren Sie ein erhöhtes Ruhe- und Schlafbedürfnis?
- Fühlen Sie sich in Ihren Bewegungen eingeschränkt? Haben Sie erste Anzeichen von Arthrose?
- Vergessen Sie öfter mal Namen und Begriffe oder verwechseln Sie diese?
- Was tun Sie gegen den Abbau Ihres Gedächtnisses?
- Pflegen Sie Ihre Sinnesorgane? Machen Sie Gymnastik, Yoga oder Eurythmie?
- Sind Sie noch berufstätig?

- Wie ist Ihr Umgang mit jüngeren Kollegen? Gehen Sie in Konkurrenz mit ihnen?
- Sind Sie dabei, Ihre Früchte an andere weiterzugeben, Ihren Ruhestand vorzubereiten?
- Haben Sie den Eindruck, Ihr Lebensziel, Ihre berufliche Erfüllung erreicht zu haben?
- Gibt es etwas, das Sie in der Zukunft noch entwickeln möchten?
- Sind Sie existenziell für das Alter abgesichert?
- Haben Sie Verluste von Freunden und Familienmitgliedern erlebt? Was hat das in Ihnen ausgelöst?
- Wie ist die Beziehung zu Ihren alternden Eltern? Sind Sie in die Pflege dieser eingebunden?
- Wie ist Ihre Beziehung zu Ihren Kindern, Schwieger- und Enkelkindern? Können Sie sich zurücknehmen?
- Welche Bedeutung haben die jüngeren Generationen für Sie?
- Welche Gefühle stellen sich ein, wenn Sie auf Ihr Leben zurückblicken?
- Was wünschen Sie sich für Ihren Ruhestand?

Das Steuer übergeben
und zu eigenen Ufern aufbrechen:
Die Jahre von 63 bis 70

— Johannes schnallt seine alte Ledertasche aufs Fahrrad und radelt zur Sprachschule, in der er einen Spanischkurs belegt. Er ist 69 Jahre alt und seit drei Jahren im Ruhestand. Vorher war er Pfarrer in einer Gemeinde einer Großstadt.
Seine Augen leuchten, wenn er über »seine Gemeinde« spricht. Er hatte das große Glück, langsam aus seinem Beruf ausscheiden zu können, da er seinen Nachfolger über längere Zeit in die Pfarrtätigkeit einarbeiten konnte. Aber auch das war nicht immer leicht: Nicht kluge Ratschläge zu geben, sondern seinem Nachfolger Freiraum für eine eigene Gestaltung zuzugestehen, musste er in dieser Zeit lernen.
Mit dem Abschied von der Gemeinde begann für Johannes ein neues Lebensgefühl, das von Ungebundenheit und Freiheit geprägt war. Dennoch stellte sich allmählich eine Leere ein: Kein Rhythmus von außen trug ihn, keine Telefonate mit Gemeindemitgliedern, insbesondere der Sonntag war eine Herausforderung für ihn.
Johannes lebt seit dem Tod seiner Frau vor sechs Jahren allein. Den Kontakt zu seinen beiden Kindern konnte er während seiner Berufsjahre wenig pflegen, sodass er hier kaum familiäre Anbindung erfahren konnte. Bereits mit dem Tod seiner Frau musste Johannes lernen, auf sich selbst gestellt zu sein. Der Ruhestand forderte ihn dann noch einmal auf andere Weise heraus. Er musste durch ein Nadelöhr gehen und sich seine innere Freiheit mühsam erarbeiten.

Heute besucht Johannes regelmäßig ehrenamtlich eine Justizvollzugsanstalt, in der er Gesprächskreise für Strafgefangene anbietet. In Abständen predigt er sonntags als Vertretung in anderen Gemeinden, was für ihn jedes Mal einen »geistigen Höhepunkt« darstellt.
Durch die Geburt zweier Enkelkinder entsteht langsam eine neue Beziehung zu seinen Kindern. Und obendrein lernt er Spanisch, um im nächsten Jahr sprachkompetent seine lang ersehnte Reise nach Chile anzutreten.

— Eva ist 66 Jahre alt und seit einem Jahr im Ruhestand. Gerade hat sie einen Anruf von ihrem ehemaligen Arbeitgeber erhalten. Sie muss sich erst einmal hinsetzen! Eva wurde gefragt, ob sie im Zusammenhang der Flüchtlingsversorgung eine Koordinations- und Leitungsaufgabe übernehmen kann. Sie soll am besten so schnell wie möglich anfangen.
Es rattert in ihrem Kopf, und zwei widerstreitende Stimmen melden sich: »Ich bin noch gefragt. Man hat sich an mein Organisations- und Führungstalent erinnert. Ich freue mich darüber!«, sagt die eine Stimme in ihr. »Wo bleibt meine gerade gewonnene Freiheit, der neue Rhythmus, die gemeinsamen Ausflüge mit Freunden, mein Kurs für Kreatives Schreiben, die Enkelkinder und: Was sagt mein Mann dazu?«, fragt die andere Stimme.
Sie hat sich eine Bedenkzeit von drei Tagen erbeten. Im Gespräch mit ihrem Mann am Abend kristallisiert sich für Eva heraus, dass sie einen Rückschritt macht, wenn sie diese Aufgabe in vollem Umfang annimmt. Sie widersteht der Versuchung, Wertschätzung und Anerkennung erneut von außen zu erhalten. Zu gut erinnert sie sich an die Krise in der ersten

Zeit des Ruhestands. Sie möchte sich die schwer erarbeitete Ruhe und Freiheit bewahren. Aber sie findet einen Kompromiss: Eva sagt Ja zu einem Minijob, in dem sie gerne eine jüngere Kollegin mit ihren Fähigkeiten unterstützt.

In die Mitte der 60er fällt allgemein das Ende der Berufstätigkeit – ein starker Einschnitt in einer Biografie! Häufig ist er lang ersehnt und mit neuer Freiheit, nicht selten aber auch mit einer Krise verbunden.
Johannes hatte Glück, dass er seinen Nachfolger einarbeiten und es so zu einem fließenden Übergang kommen konnte. Dennoch hat auch ihn das »Loch« ereilt.
Durch den Beruf erfährt der Mensch einen Wechsel von Arbeit und Freizeit, Wochenende und Urlaub. Viele soziale Kontakte kommen durch die Arbeit zustande. Mit dem Ruhestand obliegt es uns selbst, das Leben rhythmisch zu gestalten und Begegnungen zu pflegen. Alte Gewohnheiten tragen nicht mehr. Die Antwort darauf kann Befreiung, Erleichterung und schnell den vielen Pensionierten nachgesagten »Un-Ruhestand« bedeuten. Andere geraten in eine Depression, fühlen sich einsam und abgeschoben, manchen Menschen droht die Gefahr einer äußeren oder inneren Verwahrlosung, die besonders durch Alkohol- und Medienkonsum verstärkt wird.
Diese Lebensphase kann aber auch neue Türen öffnen: Johannes war es bereits durch seinen Beruf gegeben, sich mit religiösen Fragen zu beschäftigen, andere beginnen jetzt damit. Eine Sehnsucht nach innerem Frieden kann die Triebfeder sein.
Aber auch ungestillte persönliche Bedürfnisse finden nun

Erfüllung im »Seniorenstudium«, in Sprachkursen oder Reisen. Parallel dazu münden soziale Kontakte aus innerer Selbstlosigkeit heraus oft im Ehrenamt: Die Früchte des Lebens werden als Speise an andere Menschen weitergereicht.

Fragen zum Lebensalter zwischen 63 und 70 Jahren

- Wie alt waren Sie zum Zeitpunkt Ihrer Pensionierung?
- Sind Sie aus eigener Entscheidung aus dem Beruf gegangen oder mussten Sie gehen?
- Arbeiten Sie noch in Altersteilzeit? Wie lange planen Sie dies zu tun?
- Wie ist es Ihnen mit dem Übergang in den Ruhestand ergangen? Konnten Sie loslassen?
- Haben Sie eine Alterskrise oder existenzielle Krise erlebt?
- Wer oder was hat Sie in dieser Zeit begleitet?
- Haben Sie einen eigenen, nicht mehr fremdbestimmten Rhythmus gefunden?
- Wie ernähren Sie sich? Gehen Sie fürsorglich mit sich selbst um?
- Welche geistig anregenden Hobbys haben Sie?
- Wie haben Sie die Meno- bzw. Andropause erlebt?
- Leben Sie in einer Ehe oder Partnerschaft?

- Haben Sie sich noch einmal in eine jüngere Frau bzw. Mann verliebt?
- Haben Sie einen neuen Umgang mit Ihrer Sexualität gefunden?
- Haben Sie Todes- oder/und Trennungserlebnisse gehabt?
- Wie ist die Beziehung zu Ihren Kindern und Enkelkindern?
- Gehen Sie einer ehrenamtlichen Tätigkeit nach?
- Sind Sie gerne in Gesellschaft oder ziehen Sie sich lieber zurück?
- Reise Sie gerne und haben Sie die finanziellen Möglichkeiten dazu?
- Welche Bedeutung hat der Tod für Sie in dieser Lebensphase?
- Welche Themen sind in Ihrem Leben für Sie bisher noch offen geblieben?

Wie auf Adlers Schwingen der untergehenden Sonne entgegen: Die 70er-Jahre und was danach kommt

— Karin sitzt in ihrem Wohnzimmer, um sie herum ihre zusammengestellten Möbel, morgen steht ihr ein Umzug bevor. Seit Wochen ist sie damit beschäftigt, auszusortieren. Was kann sie in die Seniorenwohnanlage mitnehmen, und was will sie an liebe Menschen weitergeben?

Karin ist gerade 78 Jahre alt geworden. Sie blickt auf eine bewegte Zeit zurück, besonders, da sie vor zehn Jahren noch einmal einen Neuanfang in ihrem Leben machen konnte.

Nach der Trennung von ihrem acht Jahre jüngeren Freund fiel sie mit 58 Jahren in ein tiefes Loch. Verstärkt durch verschiedene biografische Einbrüche entwickelte sie eine Alkoholabhängigkeit, auf die ein Entzug und eine Therapie folgten. Karin konnte in ihrer Seele aufräumen, Kriegs- und Verlustängste aufarbeiten und neue soziale Kontakte knüpfen.

Da sie keine eigenen Kinder hat, entwickelte sie eine tiefe Beziehung zu der Familie einer jüngeren Freundin, die sie ihre »Wahlfamilie« nennt und durch die sie das Gefühl der Geborgenheit, aber auch des Gebrauchtwerdens erhielt. Inzwischen ist sie bereits »Uroma« geworden.

Bis vor drei Jahren hat sie noch eine ehrenamtliche Bürotätigkeit in einer therapeutischen Einrichtung ausgeübt. Dort schätzten die Mitarbeiter ihre selbstlose, unterstützende Art: Für jeden hatte sie ein Ohr, aber auch oft konkrete Hilfestellungen.

Karin ist eine vielseitig interessierte Frau. Besonders ihre Vor-

lieben für Kunst und Musik, Biografien, aber auch ihr Weltinteresse lassen sie zu einer begehrten Gesprächspartnerin werden. Durch ihre vielen Reisen trägt sie lebendige Bilder in sich. Seit Langem setzt sie sich mit religiösen und spirituellen Fragen auseinander, Fragen um Leben und Tod sind wesentliche Bestandteile ihres Lebens.
Der Schritt in die Seniorenwohnanlage ist gut vorbereitet, denn Karin möchte ihn noch in Freiheit vollziehen. Dort wird sie sich bis auf gemeinsame Mittagessen weiterhin selbst versorgen. Sicher wird sie auch hier noch eine sinnvolle Aufgabe finden.

— Martha und Walter sitzen am Küchentisch, neben ihnen liegt das Evangelium, in dem sie jeden Morgen nach dem Frühstück zusammen lesen. Für Martha ist es seit dem plötzlichen Tod ihrer beiden Söhne vor vierzig Jahren bereits eine Selbstverständlichkeit geworden, ein religiöses Leben zu pflegen. Walter teilt diese Gewohnheit mit ihr seit vier Jahren. Sie haben sich vor fünf Jahren beim Spaziergang im Park kennengelernt. Marthas Mann war erst wenige Monate zuvor verstorben, Walter bereits seit drei Jahren Witwer. Es war eine »späte Liebe auf den ersten Blick«. Die beiden entschlossen sich nach dem Trauerjahr gemeinsam in Marthas Wohnung zu leben.
Martha, heute 86, hat in Walter einen Partner gefunden, der ihr ganz neue Seiten des Lebens zeigt. Als ehemaliger Geschäftsmann hat er mit seinen 84 Jahren noch immer etwas Weltmännisches. Die beiden bereisten die USA, Spanien und Italien und ließen sich neue Kontakte nicht entgehen.
Im Alltag erledigt Walter noch heute die Einkäufe, unter denen fast immer eine Delikatesse zu finden ist. Ganz sicher kann

Martha einmal in der Woche mit einem prächtigen Blumenstrauß rechnen. Manchmal legt er dann pfeifend eine Schallplatte auf, und sie tanzen behutsam einen Walzer. Martha schätzt diese Seite an ihm sehr, während Walter ihren »Tiefsinn« liebt. Sie hat eine Milde und Weisheit in sich, von der er lernen kann.

Ihre Gespräche um Leben und Tod lassen seine Angst vor dem Sterben stetig kleiner werden. Beide haben sie im anderen einen Menschen gefunden, dessen Qualitäten sie im hohen Alter als Geschenk des Schicksals erleben.

In den 70er-Jahren ist eine innere Klarheit eingezogen. »Nun bin ich wirklich alt« ist ein nicht seltener Satz. Der Schritt zurück aus dem vollen Leben wurde vollzogen. Jetzt gilt es, trotzdem noch Anteil am Leben zu haben, um nicht in Einseitigkeiten und Verhärtungen zu verfallen, denn die Lebenskräfte nehmen ab, wodurch der Körper an Beweglichkeit verliert; immer häufiger treten heute auch demenzielle Veränderungen auf.

Unter gesunden Umständen steht das Seelisch-Geistige dem alternden Menschen nun aber freier zur Verfügung: Er kann sein Bewusstsein ausweiten, größere Zusammenhänge erkennen und so über sich selbst und ein vielleicht enges Weltbild hinauswachsen. Gelassenheit, Milde, Mitgefühl, Hilfsbereitschaft und eine neue Liebeskraft können Qualitäten werden, die jüngeren Menschen wohltun.

Karin wird gerade aufgrund dieser Eigenschaften von vielen geschätzt. Aber sie musste in der Zeit ihres Ehrenamtes auch gut auf sich aufpassen, um nicht zu viele Aufgaben zu übernehmen. Doch in ihrem Alter darf sie Nein sagen, denn es gilt, nicht mehr über die eigenen Grenzen zu gehen. Man darf es sich auch gut gehen lassen. Eine Freiheit, die nun in etwas Literarisches, Musisches oder Künstlerisches münden kann. So erlernte Karin das Malen, während Martha und Walter gemeinsam reisten.

Mit 74 Jahren erlebt der Mensch den sogenannten »vierten Mondknoten«. Eine erneute Übergangsphase im Leben: Altes wird abgelegt, zurückgelassen, Neues will sich entwickeln.

Die vier Mondknoten (alle 18 ⅔ Jahre, siehe Seite 51) im Lebenslauf sind wie Frühling, Sommer, Herbst und Winter. Im Winter kommt die Natur zur Ruhe und sammelt Kraft für das nächste Jahr. In der Zurückgezogenheit geschieht ganz Entscheidendes und bereitet Neues vor. Der vierte Mondknoten ist ein solcher Übergang. Es findet eine seelisch-geistige Verinnerlichung statt, aus der die Altersweisheit geboren werden kann.

Der ältere Mensch kann in seinem Wesen der warmen, untergehenden Sonne immer ähnlicher werden. Wie wohltuend ist ein wissender, warmer, gütiger Blick eines solchen Menschen. Fehlen ihm jedoch Anregungen und Möglichkeiten der Verinnerlichung, der Selbsterkenntnis und Selbsterziehung, droht die Gefahr, sich zu einem unzufriedenen, ständig nörgelnden, an seinen Gebrechen verzweifelnden Menschen zu entwickeln.

Nicht jedem ist es vergönnt, wie Martha und Walter noch einmal einen »zweiten Frühling« zu erleben. Lassen die Kräfte es zu, kommt es häufig, wie wir es auch aus der Natur kennen, zu einer »Notreifung«: In kürzester Zeit finden starke Entwicklungen statt.

Walter und Martha bereisten verschiedene Länder und pflegten neue Freundschaften. Hätte ihr Körper ihnen nicht Grenzen gesetzt, wären sie wohl noch heute unterwegs und würden vielleicht Gefahr laufen, sich im Äußeren zu verlieren. Stattdessen kommen jetzt Marthas religiöse Erfahrungen zum Tragen und bieten den beiden eine Grundlage, sich gemeinsam behutsam dem Geistigen zu nähern.

Fragen zum Lebensalter ab 70 Jahren
(Viele der vorangegangenen Fragen gelten auch für dieses Lebensalter.)

- Was war der Sinn Ihres Lebens?
- Haben Sie die Aufgabe, die Ihnen das Leben gestellt hat, erfüllt?
- Empfinden Sie Ihrem Leben gegenüber Dankbarkeit?
- Welche Freundschaften haben sich als die wahren herausgestellt?
- Haben Sie schwere Krankheiten oder Behinderungen?
- Leben Sie zu Hause, bei Ihren Kindern oder in einer Seniorenpension?
- Sind Sie an Ihr Zuhause angebunden, auf einen Rollstuhl oder auf fremde Hilfe angewiesen?
- Haben Sie Ihren Hausstand reduziert, Ihre Papiere geordnet?

- Wie pflegen Sie Religion und Spiritualität?
- Besuchen Sie Gottesdienste oder verfolgen Sie diese im Radio oder Fernsehen?
- Besuchen Sie Lesekreise oder Kunstausstellungen oder musizieren Sie mit anderen Menschen zusammen?
- Was bedeutet der Tod für Sie? Glauben Sie an ein Leben nach dem Tod?
- Lebt Ihr Partner noch? Müssen oder mussten Sie ihn pflegen?
- Leben Sie ganz im Augenblick oder vorwiegend in der Vergangenheit?
- Beschäftigen Sie sich mit Ihrer Zukunft? Haben Sie Angst vor Krankheit und dem Sterben?
- Haben Sie eine Patientenverfügung und ein Testament gemacht? (Weiteres dazu im Kapitel über Krankheit und Tod, siehe Seite 135 f.)
- Pflegen Sie soziale Kontakte?
- Von welchen Menschen mussten Sie sich in den letzten Jahren verabschieden?
- Sind Sie ein positiver Mensch oder neigen Sie zu Kritik und Negativität?
- Wen aus Ihrer Familie haben Sie gerne an Ihrer Seite und warum?
- Was bedeutet dieser Mensch für Sie?
- Haben Sie sich im Alter noch einmal verliebt?
- Wenn Sie wüssten, Sie haben noch ein Jahr zu leben, was würden Sie in diesem Jahr noch leben wollen?

Metamorphose und polarer Ausgleich in der Biografie

— Olga lehnt sich entspannt zurück und blinzelt in die Sonne. Sie zieht genüsslich an ihrer Zigarette, die seit ihrem 14. Lebensjahr zu ihr gehört.

Ich habe Olga zusammen mit ihrer Freundin Isabelle auf einer griechischen Insel kennengelernt, sie lasen beide das bekannte Buch *EQ. Emotionale Intelligenz*,[6] und wir kamen darüber ins Gespräch.

Olga wuchs in einem Arbeitermilieu auf, der Vater war Alkoholiker, die Mutter »Quartalstrinkerin«, immer dann, wenn die Sorgen überhandnahmen. Beide arbeiteten in einer Fabrik. Da der Vater den Lohn stets vertrunken hatte und die Wohnung samt Einrichtung gepfändet wurde, prägten Armut und Gewalt Olgas Kindheit. Schon früh hatte sie das Gefühl, am falschen Platz in dieser Familie zu sein.

Bereits mit 7 Jahren, nach einem Heimaufenthalt, beschloss sie auf kindliche Weise, schnell »groß zu werden«, um armen Kindern zu helfen. Sie schaffte mit Ach und Krach die Mittlere Reife und zog dann tatsächlich von den inzwischen getrennten Eltern fort. Sie strauchelte durchs Leben, wobei sie sich immer mal wieder am Abgrund entlangbewegte. Doch in entscheidenden Momenten begegneten ihr Menschen, durch die ihr Leben eine Wende nahm.

Olga entwickelte mit 27 Jahren eine Kraft, die sie über sich selbst hinauswachsen ließ. Sie holte das Abitur nach und stu-

dierte Medizin. Mit 35 Jahren begann sie als Ärztin in einer Klinik für Alkoholkranke zu arbeiten, dort lernte sie auch ihren Mann kennen. Seitdem hat sie den Eindruck, bei sich angekommen zu sein. Die Arbeit mit den suchtkranken Menschen erfüllt sie zutiefst.
Einmal im Jahr fliegen beide in Entwicklungsländer und stellen dort ihre medizinische Kompetenz zur Verfügung. Hier bereitet ihr besonders die Arbeit mit den Kindern große Freude. Olga möchte keine Erfahrung ihres Lebens missen.
Auch Isabelle, eine brünette, etwas kräftigere Mittvierzigerin, fühlt sich angeregt, aus ihrem Leben zu erzählen: Sie wuchs in einem mittelständischen Elternhaus behütet in einer Kleinstadt auf. Der Vater war Lehrer, die Mutter Bankkauffrau, blieb aber wegen der Kinder bis zu Isabelles 10. Geburtstag zu Hause. In Isabelles Kindheit gab es wenig Irritationen. Die Schule schloss sie mit dem Abitur ab, ging dann ein Jahr als Au-Pair ins Ausland und studierte später Jura.
Ihren Mann kannte sie bereits aus dem Studium. Mit 33 Jahren wurde Isabelle Mutter eines Kindes mit Down-Syndrom. Sie brauchte Jahre, um sich in diese Realität einzuleben. Seit der Geburt des behinderten Kindes verstärkte sich der Alkoholkonsum ihres Mannes, was ihr sehr zu schaffen machte.
Mit 37 Jahren kamen Zwillinge auf die Welt. Isabelle fühlte sich mit den Kindern, dem Haus und dem immer häufiger alkoholisierten Partner an den Grenzen ihrer Kräfte.
Als dann ihr Mann ein Verhältnis mit einer Kollegin anfing, brach sie körperlich und seelisch zusammen. Ein längerer Kuraufenthalt, eine spätere Begleitung in einer Gruppe der »Anonymen Alkoholiker«, in der sie ihre Situation aufarbeitete und Olga kennenlernte, führten zu einer Stabilisierung. Mit

neuem Selbstvertrauen trennte sich Isabelle von ihrem Mann. Seither lebt sie mit ihren Kindern allein und arbeitet halbtags in einer Anwaltskanzlei.
Auch Isabelle möchte keine ihrer Erfahrungen missen, denn sie verdankt ihnen ihr persönliches Wachstum und ihre heutige Reife – Faktoren, die den Grad der emotionalen Intelligenz prägen.

Unser Lebensschauspiel, dessen Inhalt – wie am Anfang des Buches beschrieben – von uns, unseren Eltern und vielen anderen Begegnungen handelt und das wir im täglichen Leben immer wieder neu auf der Lebensbühne zur Inszenierung bringen, besteht aus verschiedenen Szenen, die in drei großen Akten zur Aufführung kommen. Der erste besteht aus Kindheit und Jugend. Bei Olga beginnt er dramatisch und wirkt stark in das Erwachsenenalter, den zweiten Akt, hinein: Sie strauchelt durchs Leben. Doch dann, mit 27 Jahren, entwickelt sie Zielstrebigkeit. Olga trägt das hohe Ziel in sich, Ärztin zu werden. Es hat eine Art Aufwacherlebnis stattgefunden.
Wer weckt hier wen?
Jeder Mensch besitzt neben seinen Prägungen durch das Milieu, in das er hineingeboren wurde, noch eine andere Kraft in sich: Nennen wir sie den »Autor« des Schauspiels. Er weiß vom ersten Akt an mehr über den Protagonisten des Lebensstückes als dieser selbst. Er kann auch das Urbild von uns selbst oder das »höhere Ich« im Verhältnis zu unserem »Alltags-Ich« genannt werden. Es erscheint als Entwicklungsimpuls in unserem Willen und hilft uns, Einseitigkeiten in der Biografie auszugleichen.

Bei Olga scheint aus dem Mangel und Leid der Kindheitsjahre eine Kraft, ja, eine Fähigkeit entstanden zu sein, über ihre anfangs begrenzten Möglichkeiten hinauszuwachsen. Die Anfangssignatur in ihrer Biografie: Konfrontation mit Armut, Alkohol und Vernachlässigung wurde ihr später zu einem starken Motiv in ihrer Berufswahl. Eine geheimnisvolle Metamorphose, ähnlich dem Verpuppungsvorgang beim Schmetterling, hat stattgefunden: Mit 35 Jahren konnte Olga ihren »Flug« beginnen. Es fand eine Art »polarer Ausgleich« statt, durch den sie an ihre Lebensaufgabe herankommen konnte.

Anders bei Isabelle, deren Kindheit und Jugend behütet und liebevoll begleitet verliefen. Sie hatte günstige Entwicklungsgrundlagen, die ihr zu einem guten Einstieg ins Leben verholfen haben.

Doch dann, mit Beginn der zweiten Lebenshälfte, folgten die Herausforderungen für Isabelle Schlag auf Schlag. Sie lernte das Leben von einer ganz anderen Seite kennen und konnte ihrer Persönlichkeit durch die Krisen, die als die Sprache des »höheren Ich« zu verstehen sind und immer einen Aufforderungscharakter in sich bergen, etwas hinzufügen, was noch als Fähigkeit oder Farbe gefehlt hat. Sie hat durch die Geburt ihres Down-Syndrom-Kindes und der Zwillinge, die Alkoholabhängigkeit und Untreue ihres Mannes und das Alleinerziehen an Tiefe und emotionaler Intelligenz im Sinne eines großen Spektrums an Erfahrung gewonnen.

Auch hier können wir von einem »polaren Ausgleich« in der Biografie sprechen: Isabelles behütete Kindheit gab ihr hierzu das nötige Rüstzeug, um den Lebensstürmen

standhalten zu können. Sie fühlt sich durch jeden ihrer »Schicksalsschläge« bereichert.
So wird das Leben selbst unser Erzieher – der Edelstein wird geschliffen, um im dritten Akt, dem Alter, in seiner vollen Klarheit und individuellen Schönheit zum Vorschein zu kommen.

Fragen zum Thema polarer Ausgleich

- Welches sind die für Sie signifikanten Ereignisse Ihrer Kindheit?
- Wie und woran sind Sie in Ihrer Kindheit und Jugend erwacht?
- Gab es besondere Ereignisse um das 3., 7., 9., 12. und 19. Lebensjahr?
- Wie sind Sie mit schwierigen Lebenssituationen umgegangen?
- Hat man Ihnen Entscheidungen gerne abgenommen oder zu viele Entscheidungen von Ihnen erwartet?
- Gibt es Lebensthemen, die sich bereits in Kindheit und Jugend andeuteten?
- Welche Themen kamen in Ihrer Kindheit wenig bis gar nicht vor?
- Gab es zentrale Aufwacherlebnisse zwischen 20 und 30 Jahren?
- Haben Sie besondere Begegnungen gehabt, die Ihrem Leben zu einer Wende verholfen haben?

- Wie waren diese Begegnungen?
- Erleben Sie Wiederholungen in Ihrem Lebenslauf, bestimmte Muster des Scheiterns, die einen Aufforderungscharakter haben?
- Was waren Ihre biografischen Leitthemen?
- Kennen Sie Ihre Geburtsimpulse?
- Haben Sie einen Sinnzusammenhang zwischen Ihrer ersten und der zweiten Lebenshälfte entdeckt?
- Haben Sie Frieden mit den Herausforderungen in Ihrem Leben geschlossen?
- Haben Sie Frieden mit Ihren Eltern geschlossen?
- Können Sie so etwas wie Dankbarkeit für Ihr Leben empfinden?

Mit dem Schatten unterwegs – Doppelgängerwirkungen in der Biografie

Clara und Andreas stehen sich in der Küche gegenüber. Beißende Kälte, Vorwurf folgt auf Vorwurf! Die Ferien haben gerade begonnen – und jeder von ihnen hat das Bedürfnis loszulassen. Die privaten, unerledigten Aufgaben haben sich in den letzten Monaten zu einem Berg angehäuft. Clara macht Andreas Vorwürfe, dass er mehr mit seiner Arbeit und seinem Segelboot verheiratet ist als mit ihr. Die Einkommenssteuererklärung schreit nach Erledigung, die Hecke im Garten muss dringend geschnitten, das Durcheinander im Keller beseitigt werden, Berge von Wäsche haben sich angesammelt, und Andreas will sein Segelboot klarmachen.

Andreas kontert: wie viel Clara telefonieren und für andere bereit sein kann, ohne zu bemerken, wie viel Zeit dabei der Familie verloren geht. Im Garten bleiben angefangene Arbeiten oft liegen, und nicht selten kümmert er sich abends mit um den Haushalt, weil Clara es »mal wieder nicht geschafft« hat.

Clara und Andreas könnten eine ganze Palette aufzählen, was sie in den letzten 18 Jahren als störend aneinander empfunden haben. Früher wurden ihre Konflikte oft existenziell bedrohlich; Aggressionen, Hassattacken bis hin zu körperlichen Übergriffen sorgten ausreichend für Trennungsgründe. Bis Clara krank wurde und der Arzt ihr zu einer Paartherapie riet. Dort lernten beide, in den Spiegel zu schauen – und mit Entsetzen und Neugier lernten sie ihren eigenen Schatten kennen.

Wer kämpft wann mit wem?

Clara, die alles sehr genau nimmt und sich schnell über Andreas' Phlegma ärgern kann, musste entdecken, dass sie einen Hang zur Unordentlichkeit hat, diesen aber gerne ausblendet. Der Ärger über Andreas' »Mangel« war an anderer Stelle eine eigene Unfähigkeit, die sie nicht wahrhaben wollte. Andreas ärgerte sich immer wieder über Claras Unpünktlichkeit, bis er wahrnahm, wie viel Zeit er sich lassen konnte, termingerecht Dinge zu erledigen.

Indem sie diese Schattenaspekte ans Licht holten, konnten beide mehr Gelassenheit entwickeln und sich selbst mehr in den Blick nehmen, was jedoch in Stresssituationen – wie jetzt zu Ferienbeginn – liebevolle Aufmerksamkeit erforderlich macht.

— Susanne steht die nächste Konferenz bevor. Eigentlich gefallen ihr die Themen ganz gut, wenn da nicht Elisabeth wäre. Bereits wenn sie hoch erhobenen Hauptes und mit festem Schritt den Raum betritt, beginnt Susannes Herz rascher zu klopfen.

Elisabeth zieht durch ihre lebendige Art schnell die Aufmerksamkeit auf sich. Ihre Beiträge sind fachlich fundiert und selbstsicher vorgetragen.

Susanne sitzt mit innerem Groll in der Konferenz: »Immer nimmt die sich so viel Raum und treibt ›Selbstbeweihräucherung‹.« Nach solchen Treffen muss sie sich erst einmal bei ihrer Freundin über Elisabeth »ausschütten«. Manchmal bleibt

kein gutes Haar an ihr. Anschließend fühlt Susanne sich bedrückt und unzufrieden. Selbstzweifel nagen an ihr. Sie fühlt sich oft unsicher und redet nicht gerne frei. Sie spürt, dass sie neidisch auf Elisabeth ist und dabei ihr Licht unter den Scheffel stellt.
Susanne versucht sich die Vorzüge von Elisabeth vor Augen zu führen, aber schnell meldet sich wieder die neidische Hetzerin in ihr: »Die muss sich immer so in den Mittelpunkt stellen!«
»Und du?«, fragt plötzlich eine leise Stimme in ihr.
Betroffen hält Susanne inne. Ja, wie ist das eigentlich mit ihr? Wie wirkt sie auf andere? Wenn sie in ihrem vertrauten Umfeld in der Schule oder der Familie ist, kann auch sie ganz schön »ergreifend« sein. Und eigentlich ist Elisabeth ja eine ganz Nette …
Der Stachel sitzt nicht mehr ganz so tief. Susanne nimmt sich vor, die »Ergreifende« einmal besser zu beobachten.

Wer ist das in uns, der sich im Zwischenmenschlichen schnell so breitmachen kann, dass andere und vorrangig wir selbst unter ihm zu leiden haben?
In der Psychologie spricht man vom »Schatten« oder vom »niederen Selbst«, in der Esoterik vom »Doppelgänger«. Gerne tritt er unerkannt in den Vordergrund und verschafft sich zum Beispiel über Kritik am anderen eine Daseinsberechtigung. Dabei kann das, was als störend am Partner, den Kindern oder Kollegen erlebt wird, ein Anteil unseres eigenen Schattens sein. Dieser nährt sich an unseren unverwandelten, noch im Dunkeln verharrenden Persönlichkeitsanteilen, unseren Temperamentsprägungen

und verfestigten Gewohnheiten. Alles, was wir in unserem Denken, Fühlen und Handeln nicht bewusst mit unserem Ich durchdringen, was wir nicht ans Licht holen, kommt zur Hintertür als »Schatten« herein, und wir bekommen dies vom Gegenüber gespiegelt, weshalb in der Jung'schen Psychologie auch von einer »Leitbildspiegelung« gesprochen wird.[7] Man ärgert sich so lange über den anderen, ist neidisch auf ihn, bis die eigenen Anteile erkannt und verwandelt werden können. Der andere wird uns zum Leitbild, bietet uns eine Projektionsfläche, auf der wir niemand anderen als uns selbst erkennen können.

»Was ich bei mir nicht sehen kann, das häng ich einem anderen an« ist ein altbekannter Leitsatz im Zusammenhang von Projektionen.

Aber so einfach ist es mit der Erkenntnis nicht. Bei Clara und Andreas führte das »Schattenboxen« beinahe zum Ende ihrer Ehe, hätten sie nicht das Aufwacherlebnis durch Claras Krankheit gehabt. Viele Paare führen im Laufe der Jahre eine Art »Doppelgängerehe«, ohne es zu bemerken.

Der Doppelgänger zeigt sich aber nicht nur in Beziehungen, sondern auch in einem intimen Selbstgespräch. Wer kennt sie nicht, die inneren Stimmen, die einem etwas einflüstern und vorgaukeln. Sie führen entweder in die Abwertung: »Wer bist du denn schon?« oder in die Selbstüberschätzung: »Lass dich nicht unterkriegen, du bist sowieso der Beste!« – und können für Zweifel, Ängste und Depressionen oder Eitelkeit, Hochmut und Eigenliebe sorgen.

Susanne stellte Elisabeth sehr in den Mittelpunkt und wertete sich damit ab. Sie hatte Selbstzweifel und fühlte sich niedergeschlagen. Um diesem Gefühl etwas entgegenzuset-

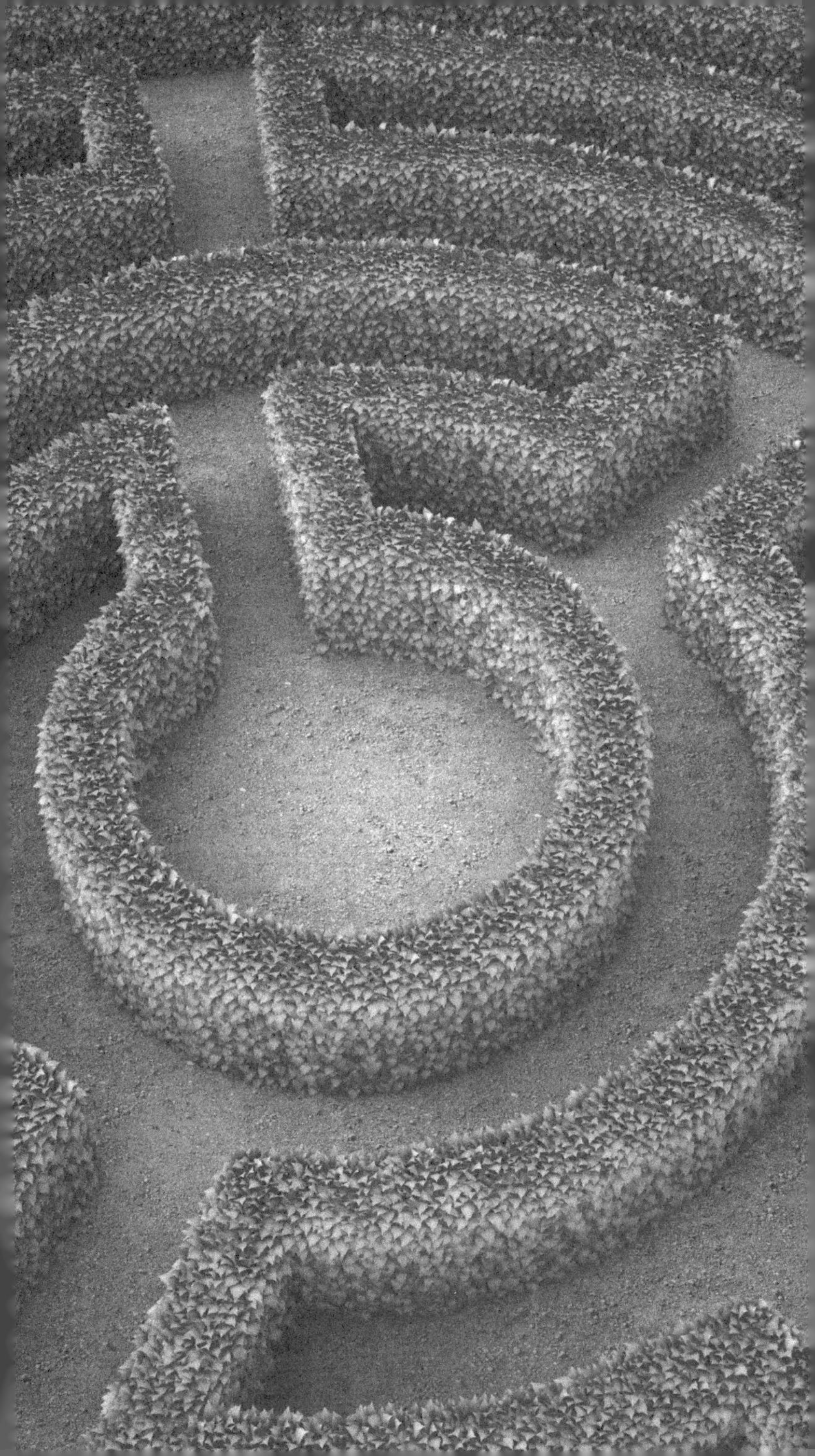

zen, kam die »neidische Hetzerin« wieder zum Einsatz und sorgte für Ausgleich. Ein Balanceakt auf dem Seil, um ja nicht abzustürzen.
Wie gut, dass es noch eine andere Stimme in uns gibt! Sie kommt mehr von oben – leiser, milder, aber doch ernsthaft: »Und du?«, erklang es in Susanne und öffnete ihr die Tür zur Selbsterkenntnis, die ein wesentlicher Baustein zu einem gesunden Selbstbewusstsein ist. Im Licht des Bewusstseins kann sich nun der Schatten nicht mehr einfach durch die Hintertür hereinschleichen. Es sei denn, das Ich geht in die Ferien, und Stress, Hektik oder auch die Banalität des Alltags sorgen für neuen Gesprächsstoff.

Fragen zum eigenen Schatten oder Doppelgänger

- Welche Art von Gewohnheiten erleben Sie in Ihrem Denken, Fühlen und Handeln?
- Erleben Sie sich in Ihren Gewohnheiten beweglich oder sind Sie eher starr und unbeweglich?
- In welche Situationen geraten Sie in Ihrem Leben immer wieder leicht hinein?
- Welche Positionen nehmen Sie gerne in Gruppen ein?
- Was können Sie an anderen Menschen gar nicht ausstehen?
- Erinnern Sie sich an Ihren »größten Feind«: Was hat er an sich, das Sie ärgerlich macht?

- Welche Temperamente herrschen bei Ihnen vor? Haben Sie diese im Laufe Ihres Lebens verwandeln können? Oder sind Sie immer noch der aufbrausende Choleriker, der leichtsinnige Sanguiniker, der schwermütige Melancholiker oder der schwerfällige Phlegmatiker?
- Zu welchem Temperament fühlen Sie sich besonders hingezogen?
- Sind Ihnen Ihre Schwächen bewusst? Weichen Sie diesen gerne aus oder stellen Sie sich ihnen? Erinnern Sie sich an ein Beispiel.
- Leiden Sie unter Depressionen oder chronischen Krankheiten?
- Was fällt Ihnen bei dem Satz »Was ich bei mir nicht sehen (fühlen) kann, das häng ich einem anderen an« ein?
- Projizieren Sie manchmal Ihre Schwächen auf andere Menschen? Was hat Ihr »Feind« mit Ihnen gemein?
- Konkurrieren Sie leicht mit Freunden oder Kollegen bzw. Kolleginnen?
- Haben Sie Kränkungen, Demütigungen oder Traumata aus Ihrer Kindheit bearbeiten können oder erleben Sie noch heute Verunsicherungen und Konflikte durch andere Menschen, die Sie in einen »Film von damals« versetzen im Sinne einer Verwechslung von Zeit, Ort und Person?
- Welche Aufgaben stellt Ihnen Ihr Doppelgänger bzw. Schatten in Ihrem Leben?

Behinderung in der Biografie – Am Leben gehindert sein

— Ingrid hat nach dem Tod ihrer Eltern die Betreuung ihrer behinderten Schwester Martina übernommen. Da es in Martinas Biografie mehrere traumatische Erlebnisse gab, die zu immer wiederkehrenden Autoaggressionen führen, hat Ingrid vor drei Jahren begonnen, den dunklen Familiengeheimnissen auf die Spur zu kommen, und arbeitet ihre Biografie auf.
Martina ist heute 53 Jahre alt und lebt seit ihrem 7. Lebensjahr in verschiedenen Heimen. Ingrid war damals von der Unterbringung ihrer Schwester unmittelbar betroffen, da sie nur ein Jahr älter als diese war und eine sehr nahe Beziehung zu ihr hatte. Sie war zum Zeitpunkt der Heimunterbringung 8 Jahre alt und kann sich nur allzu gut an den Trennungsschmerz und die lang anhaltenden Schuldgefühle, dass sie zu Hause bleiben durfte, erinnern. Sie beschreibt die Trennung auch für sich als ein traumatisches Erlebnis und hat die Schwester über Jahre sehr vermisst. In großen Abständen kam diese in den Ferien zu Besuch nach Hause, dann verlief auch dies im Sande.
Als Ingrid mit 23 Jahren durch Zufall auf einen Zeitungsartikel stieß, der über die jahrelangen Gewalttaten in der damaligen »Heilpädagogischen Anstalt« berichtete, in welcher ihre Schwester ihre Kindheit verbracht hatte, brach für sie eine Welt zusammen. Sie fühlte sich bestätigt in ihrem unguten Gefühl, welches sie in den vergangenen Jahren immer mal wieder hatte.

Ingrid hat in den Folgejahren unter einer Amnesie gelitten. Sie berichtet, dass sie die grausame Wahrheit abspalten musste, um nicht verrückt zu werden. Mit der Familie konnte sie nicht darüber sprechen.
Ingrid hat über eine Entfernung von dreihundert Kilometern eine tragende Beziehung zu ihrer Schwester aufbauen können. Doch waren die Besuche für sie immer sehr belastend. Beide Geschwister fingen jedes Mal trotz ihres Erwachsenseins an zu weinen. Ingrid hat sich selbst nicht verstanden, bis sie sich in einer Biografiearbeit diesem Thema in kleinen Schritten nähern konnte. In den vergangenen Jahren konnte sie Licht in dieses dunkle Familiengeheimnis bringen.
Da sie sich inzwischen nicht mehr sicher war, ob sie sich diese Zeitungsartikel vielleicht nur eingebildet hat, begann sie systematisch mithilfe des Internets zu recherchieren und die Verlage anzuschreiben, bis sie Kopien der damaligen Zeitungsartikel in den Händen hielt. Jetzt konnte Ingrid sich dem Schmerz bewusst stellen, ohne verrückt zu werden. Sie hat inzwischen mehrmals die ehemalige Anstalt aufgesucht und diverse ehemalige Mitarbeiter interviewt. Mit jedem Besuch fühlt sie sich heute stärker. Aber was das Erstaunlichste ist: Seitdem kann sie ihre Schwester besuchen, ohne zu weinen. Sie fühlt sich noch enger mit ihr verbunden und nimmt wahr, dass diese in ihrem Alter noch Fortschritte macht. Sie wirkt klarer, ihre Autoaggressionen nehmen ab, und im Sozialen scheint sie laut Aussage der Mitarbeiter aufmerksamer zu sein. So hat sie Ingrid bei ihrem letzten Besuch beim Abschied in den Mantel geholfen und beginnt, sie selbstständig anzurufen.

Der Schweregrad einer Behinderung macht es vielen Menschen nicht möglich, ihre Biografie bewusst anzuschauen und zu reflektieren, um Zusammenhänge zu erkennen, geschweige denn, sich in Not zu wehren und abzugrenzen. Wie hilfreich kann es dann sein, wenn ein Familienmitglied diese Aufgabe übernimmt. Es scheint eine seelische und eine geistige Wirkung zu haben, denn der geistige Kern des behinderten Menschen ist gesund, weshalb in der Anthroposophie das Wort »behindert« auch durch »seelenpflegebedürftig« ersetzt wird.
Wir können mit dem »höheren Ich« eines seelenpflegebedürftigen Menschen zusammenarbeiten und seine Biografie förmlich durchlichten, um auch ihm die Möglichkeit zu schenken, am Ende seines Lebens zu einem inneren Frieden zu kommen.
Die folgende Fürbitte richtet sich an den Engel des Menschen und bietet die Möglichkeit, für einen hilfebedürftigen Menschen um Schutz und Liebe zu bitten:

Geist Deiner Seele, wirkender Wächter,
Deine Schwingen mögen bringen
meiner Seele bittende Liebe
Deiner Hut vertrautem Erdenmenschen,
dass, mit Deiner Macht geeint,
meine Bitte helfend strahle
der Seele, die sie liebend sucht.

Rudolf Steiner[8]

Fragen zum Thema

- Welche Bedeutung hat »Behinderung« in Ihrer Biografie?
- Gibt es seelenpflegebedürftige Menschen in Ihrer Familie, Ihrem sozialen Umkreis?
- Haben Sie beruflich oder privat Erfahrungen mit Menschen mit Beeinträchtigungen?
- Haben Sie selbst eine körperliche oder seelische Behinderung, ein »behindertes« Kind?
- Wie gehen Sie für sich damit um?
- Was haben Sie in diesem Zusammenhang an Stigmatisierungen kennengelernt?
- Kennen Sie belastende Familiengeheimnisse?
- Wie hat sich das auf Ihre Biografie ausgewirkt?
- Welche inneren Seelenanteile hindern Sie, an Ihre Kraft und in guten Kontakt mit sich selbst zu kommen?
- Jeder Mensch trägt »seelenpflegebedürftige Teile« in sich. Was benötigen Sie, um bei sich selbst »Seelenpflege« in die Biografie zu integrieren?

— Es ist Mitte Juni, als Udo den Befund »Bronchialkarzinom« erhält. Die Zeit scheint für Lisbeth und ihn wie stehen geblieben zu sein. Eine tiefe Lähmung erfasst das Ehepaar. Lisbeth scheint mit ihren 77 Jahren von einem Tag auf den anderen gealtert, verzweifelt und hoffnungslos, während Udo, 72 Jahre, es noch gar nicht fassen kann. Er ist eine Hüne von Mann, kräftig gebaut und breitschultrig, den, so denkt man, so leicht nichts umhauen kann.
Es folgen Wochen der Unruhe, Panik und Kurzschlusshandlungen, die fast in einen Hausverkauf münden. Der Makler steht bereits mit Kunden im Haus, als Udos und Lisbeths Tochter Anke die Notbremse zieht.
Es wird deutlich, dass der Vater das Haus verkaufen will, um seine Frau in Sicherheit zu bringen: Eine kleine Wohnung im Erdgeschoss in der Stadt, von der aus sie alles gut erreichen kann, wenn er nicht mehr da ist, ist sein Ziel!
Anke übernimmt in ihrem Elternhaus jetzt die Führung. Sie überzeugt ihre Eltern, dass sie gerade in dieser schweren Zeit ihr Zuhause, eine Heimat brauchen. Diese Entscheidung wird sich wenig später als eine tragende Säule in der häuslichen Pflege erweisen.
Es folgen diverse Klinikaufenthalte mit schweren Operationen, Chemotherapien und Bestrahlungen. Nach einer weiteren schweren Lungen-OP wäre Udo fast gestorben. Erst kurz

vor seinem Tod spricht er über das bedeutsame Ereignis, welches seine Haltung zum Leben völlig verändert hat.
Udo lehnt jede weitere Behandlung und Klinikaufenthalte ab. Seine Frau und er entscheiden sich, dass er zu Hause gepflegt wird. Udo scheint jetzt mit dem Leben abgeschlossen zu haben. Stundenlang sitzt er von Schmerzen geplagt in seinem Sessel, den Blick in den Himmel gerichtet. Gespräche über das Sterben machen ihm eher Angst, und dennoch scheint sich so etwas wie Sehnsucht nach einer Antwort auf die Ungewissheit des »Drüben« in ihm zu regen.
Udo kann nicht auf einen religiösen Glauben zurückgreifen. Für ihn und seine Frau hört das Leben mit dem Tod auf. Versuche der Tochter, über ein geistiges Leben nach dem Tod zu sprechen, werden besonders von Lisbeth abgewehrt.
Wenige Wochen vor seinem Tod wagt sich Anke noch einmal vor ... Sie erzählt ihrem Vater von der Sterbeforscherin Elisabeth Kübler-Ross, von dem Bild der Raupe und des Schmetterlings und überträgt diese Metapher auf den Lebensabschied ihres Vaters. Sein in den letzten Wochen immer mehr nach innen gewandter Blick richtet sich milde und warm auf seine Tochter, und er beginnt, sie zu hören. Er erzählt von seinem »Tunnelerlebnis« und dem großen Licht, dem er unter der Operation schon einmal entgegengegangen war, bevor er wieder zurückgeholt wurde. Von da an lehnte er Monate zuvor jede weitere Behandlung ab.
Es folgen viele biografische Gespräche, Rückblicke auf sein Leben und seine Beziehungen zu anderen Menschen. Wenn er nochmals könnte ... er würde vieles anders ergreifen!
Trotz großer Schmerzen nimmt er jeden Menschen um sich herum bewusst wahr. Er gestaltet durch kleine Gesten den

Abschied von seiner Frau und bringt ihr eine große Dankbarkeit entgegen, denn Lisbeth hat sich in den vergangenen Monaten sehr verändert. Sie hat an Kraft und Stärke gewonnen, mithilfe derer sie unermüdlich im Einsatz ist, um ihrem Mann einen Krankenhausaufenthalt zu ersparen. Sie hat sich vorgenommen, ihm all ihre Liebe und Dankbarkeit für die gemeinsamen Jahre zu schenken.

Erschüttert und verunsichert ruft sie wenige Wochen vor seinem Tod ihre Tochter an: Er hat ein großes Licht gesehen, ich habe Angst um ihn! Lisbeth ist zutiefst ergriffen. Anke wird die Eltern in den letzten großen Schritten begleiten.

Die letzten Tage vor seinem Hinübergehen sind wohl die kostbarsten für alle. Udo ist trotz Schmerzmittel immer wieder wach und sucht die Nähe seiner Tochter. Er zeigt auf den hinteren Bereich im Raum und kündigt an, dass er umziehen wird.

Wenige Stunden vor seinem Tod ist sie wieder da, die Lichtgestalt ... Erleichtert fällt er in die Kissen zurück, tiefe Ruhe breitet sich um ihn aus. Udo bedankt sich bei seiner Familie für alles, was sie für ihn getan hat.

Am späten Nachmittag, als seine jüngste Enkeltochter angereist war, ist er in Frieden über die Schwelle in die geistige Welt zurückgegangen.

Lisbeth wird in wenigen Tagen 80 Jahre alt. Sie hat sich – für ihre Tochter unerwartet – der Trauerarbeit in feiner Weise gestellt. Auch ihre Haltung zu Leben und Tod veränderte sich im Laufe der Sterbebegleitung ihres Mannes. Angeregt durch die Tochter pflegt sie jeden Morgen mithilfe eines Spruches eine Zwiesprache mit Udo. Fühlte sie sich anfangs von ihm verlassen, erlebt sie heute Stärkung von der »anderen Seite«.

Lisbeth hat alle ihr zur Verfügung stehenden Lebenskräfte mobilisiert und ihrem Mann mit auf den Weg gegeben. Geblieben ist ihr ein Tinnitus, der sie jeden Tag an die Zeit mit ihm erinnert. Es fühlt sich nicht immer leicht an, aber: Sie würde jeden Tag, jeden Schritt genauso wieder tun und kann nur jedem Menschen empfehlen, auf diese Weise das Sterben menschlicher werden zu lassen.

Sterben und Tod sind heute zum großen Teil aus der Gesellschaft ausgegliedert. Es hat eine Entfremdung dem Tod gegenüber stattgefunden. Wird in den Medien selbstverständlich mit Bildern vom Töten und getöteten oder in Not geratenen Menschen umgegangen, löst der wirkliche Tod oder auch eine schwere Krankheit Unsicherheit, Angst und Hilflosigkeit aus.
Sterben findet heute entseelt und in der Maschinerie von Kliniken statt. In gewisser Weise ist der Tod wie auch die Geburt immer mehr entweiht worden. Immer weniger Menschen haben noch einen Zugang zu religiösen, spirituellen Fragen. Damit haben sie die Wurzeln ihres Geistes verloren.
Früher wusste man noch davon, dass die Seele drei Tage braucht, um ihr »Haus«, den Körper, zu verlassen, und bahrte deshalb die Toten zu Hause auf. Stirbt heute ein Mensch zu Hause oder in der Klinik, wird er kurze Zeit später vom Bestattungsinstitut oder dem Klinikpersonal abgeholt und oft »auf Eis gelegt«. Die Angehörigen können dann bei Bedarf den Verstorbenen noch einmal sehen, aber unter welchen Umständen!
Doch müssen auch die zunehmenden Gründungen von

Hospizinitiativen und die immer häufigeren sensibleren Bestattungsunternehmer an dieser Stelle erwähnt werden. Dennoch benötigen wir heute eine Sterbekulturbewegung, die dem Menschen die Möglichkeit gibt, sich als ein Wesen mit Körper, Seele und Geist zu empfinden oder jedenfalls suchen zu dürfen. Die Geistesforschung ist auf diesem Gebiet heute weit fortgeschritten. Selbstverständlich wird dort den »drei Tagen nach dem Tod« Rechnung getragen.
Die Sterbeforscherin Elisabeth Kübler-Ross spricht – wie zu Beginn des Buches bereits erwähnt – von Krisenstufen in den Sterbeprozessen.[9] Die letzte Metamorphose im Leben findet kurz vor dem Tod statt, dann, wenn die Seele ihr Haus verlassen möchte.
Im Beispiel von Udo haben wir erfahren können, dass er seinen allmählichen Übergang in die geistige Welt als einen Umzug in einen anderen Raum bewusst erleben konnte. Von dieser Erfahrung spricht auch Elisabeth Kübler-Ross nach der Begleitung von Tausenden von Sterbenden. Sie nennt es den Schmetterlingsflug.[10] Er verlässt seine Verpuppung, um mit dem Tod dem Licht entgegenzufliegen.
Oft erscheint den Sterbenden bereits vor dem Tod eine Lichtgestalt. Der Engel steht bereit, um ihn an die Hand zu nehmen und auf seiner großen Reise der Sonne entgegen zu begleiten.[11]

Fragen zum eigenen Tod

Folgende Fragen mögen eine Anregung sein, sich mit Leben und Tod intensiver auseinanderzusetzen. Welche Bedeutung hat der Tod im Lauf Ihres Lebens für Sie bekommen?

- Erinnert Sie das Thema »Trauer« an einen Verlust in Ihrem Leben?
- Wann wurden Sie das erste Mal mit dem Tod konfrontiert und auf welche Weise?
- Konnten Sie Menschen in ihrem Sterben erleben?
- Sind für Sie wichtige Menschen früh gestorben?
- Welche Sterbe- und Todesrituale konnten Sie erleben?
- Was wurde Ihnen in Ihrer Familie im Umgang mit dem Tod vorgelebt?
- Fällt es Ihnen leicht zu trauern, zu weinen?
- Haben Sie Menschen aufgebahrt gesehen?
- Gibt es innere Bilder vom Tod aus Ihrer Kindheit?
- Wie hat sich dieser Umgang im Laufe des Erwachsenenalters verändern können?
- Können Sie die Trauer anderer Menschen aushalten?
- Haben Sie heute Angst vor dem Tod?
- Haben Sie selbst bereits ein Nahtoderlebnis gehabt?
- Sind Sie religiös, spirituell oder atheistisch erzogen?
- Welche Bedeutung hat der Tod heute für Sie?
- Glauben Sie an ein Weiterleben nach dem Tod?

- Wie möchten Sie selbst im Falle einer schweren Krankheit begleitet werden?
- Möchten Sie zu Hause oder lieber in einem Hospiz gepflegt werden?
- Wie würden Sie gerne sterben? Auf welche Weise?
- Möchten Sie im Falle einer Notversorgung, dass die lebenserhaltenden Geräte abgestellt werden?
- Möchten Sie Ihre Organe für andere Menschen zur Verfügung stellen?
- Möchten Sie aufgebahrt werden, damit Freunde und Verwandte Abschied von Ihnen nehmen können?
- Wie und an welchem Ort möchten Sie bestattet werden?
- Wer soll die Trauerrede für Sie halten?
- Wie sollte die Trauerfeier von Ihrer Familie und Ihren Freunden gestaltet werden?
- Welche Musik, welches Gedicht, welcher Psalm könnte für Sie von Bedeutung sein?
- Haben Sie Vorkehrungen mit den letzten Wünschen für Ihren Todesfall getroffen?
- Haben Sie ein Testament gemacht?
- Wenn Sie sich vorstellen, Sie hätten nur noch ein Jahr zu leben, was hätte Priorität in Ihrem Leben?
- Wen würden Sie gerne noch einmal treffen?
- Was wäre offen in Ihrer Biografie?
- Was würden Sie gerne noch zu Lebzeiten klären?
- Welchen Menschen würden Sie gerne am Ende Ihres Lebens Dank aussprechen?

Danksagung

Mein Dank geht an all die Menschen, die mir im Laufe der letzten zwanzig Jahre in Seminaren, in der Beratung und Biografiearbeit ihr Vertrauen geschenkt haben. Sie sind sozusagen biografische Mitautoren.
Alle Schicksale, an denen Sie, liebe LeserInnen, teilhaben durften, stammen aus dem wahren Leben, wurden aber zum Schutz der Personen namentlich und inhaltlich leicht verändert.
Ich danke ferner meinem Mann Helmut Hinrichsen, der mich immer wieder in meinen Schreibphasen unterstützt und begleitet hat, und meinen Kindern, durch die ich mich reich an Erfahrung beschenkt fühle.
Mein ganz besonderer Dank geht an meine Lektorin Christine Christ. Die Zusammenarbeit mit ihr ist immer wieder eine große Bereicherung für mich. Sie gehört zu den kostbaren biografischen Begegnungen in meinem Leben.

Anmerkungen

1 Elisabeth Kübler-Ross, *Interviews mit Sterbenden,* Freiburg im Breisgau 2014, Kapitel V.

2 Arnold van Gennep, *Übergangsriten,* Frankfurt am Main [3]2005.

3 Victor W. Turner, »Liminalität und Communitas«, in: Andréa Belliger, David J. Krieger (Hrsg.), *Ritualtheorien. Ein einführendes Handbuch,* Wiesbaden [5]2013, Seite 247 ff.

4 Elisabeth Kübler-Ross, *Interviews mit Sterbenden,* Freiburg im Breisgau 2014.

5 Siehe auch den *Elternbrief der Kieler Waldorfschule,* Ausgabe März 2015.

6 Daniel Goleman, *EQ. Emotionale Intelligenz,* München [24]2015.

7 Peter Schellenbaum, *Das Nein in der Liebe. Abgrenzung und Hingabe in der erotischen Beziehung,* München 1986.

8 Rudolf Steiner, *Mitteleuropa zwischen Ost und West* (GA 174a), Vortrag vom 13. September 1914, Dornach [2]1982, Seite 11.

9 Elisabeth Kübler-Ross, *Interviews mit Sterbenden,* Freiburg im Breisgau 2014.

10 Elisabeth Kübler-Ross, *Über den Tod und das Leben danach,* Güllesheim [41]2013, Seite 13 f.

11 Leider sprengt es den Rahmen dieses Buches, den Weg des nachtodlichen Lebens aufzuzeichnen. Deshalb sei hier auf

folgende Bücher verwiesen: Gudrun Burkhard, *Das Leben geht weiter. Geistige Kräfte in der Biografie,* Stuttgart [2]2004; Arie Boogert, *Der Weg der Seele nach dem Tod. Unser Leben nach dem Leben,* Stuttgart [2]2012.

Literatur

Boogert, Arie, *Der Weg der Seele nach dem Tod. Unser Leben nach dem Leben,* Stuttgart ²2012

Brug van der, Jos; Locher, Kees, *Unternehmen Lebenslauf. Biografie, Beruf und persönliche Entwicklung,* Stuttgart ²2003

Burkhard, Gudrun, *Das Leben geht weiter. Geistige Kräfte in der Biografie,* Stuttgart ²2004

Burkhard, Gudrun, *Das Leben in die Hand nehmen. Arbeit an der eigenen Biografie,* Stuttgart ¹⁶2014

Burkhard, Gudrun, *Die Freiheit im »Dritten Alter«. Biografische Gesetzmäßigkeiten im Leben ab 63,* Stuttgart ²2004

Burkhard, Gudrun, *Mann und Frau. Integrative Biografiearbeit,* Stuttgart ²2004

Burkhard, Gudrun, *Schlüsselfragen zur Biografie. Ein Arbeitsbuch,* Stuttgart ¹⁰2013

Goleman, Daniel, *EQ. Emotionale Intelligenz,* München ²⁴2015

Johanson, Irene, *Christuswirken in der Biografie,* Stuttgart 1992

Kast, Verena, *Der Schatten in uns. Die subversive Lebenskraft,* München 2002

Kiel-Hinrichsen, Monika, Artikelserie »Wendepunkte in der Biografie«, in: *a tempo,* Januar bis September 2011

Kiel-Hinrichsen, Monika, *Die Patchworkfamilie. Zusammenleben – zusammenwachsen,* Stuttgart ²2014

Kiel-Hinrichsen, Monika, *Ein unentwegtes Brausen – Paula Modersohn-Becker. Lebensbilder und Schicksalszeichen,* Stuttgart 2007

Kiel-Hinrichsen, Monika; Helmut Hinrichsen, *Pubertätssprechstunde. Jugendliche verstehen – Praxiserprobte Hilfen – Pubertät als Chance,* Stuttgart [2]2014

Kiel-Hinrichsen, Monika; Renate Kviske, *Wackeln die Zähne, wackelt die Seele. Der Zahnwechsel. Ein Handbuch für Eltern und Erziehende,* Stuttgart [14]2016

Kiel-Hinrichsen, Monika, *Warum Kinder trotzen. Phänomene, Hintergründe, pädagogische Begleitung,* Stuttgart [6]2013

Kimpfler, Anton, *Der menschliche Lebenslauf als Einweihungsweg. Jahreszeiten unserer Biografie und die Bedeutung der Kindheitskräfte,* Dornach 2002

Koob, Olaf, *Das Ich und sein Doppelgänger. Zur Psychologie des Schattens,* Stuttgart 2014

Kübler-Ross, Elisabeth, *Interviews mit Sterbenden,* Freiburg im Breisgau 2014

Kübler-Ross, Elisabeth, *Über den Tod und das Leben danach,* Güllesheim [41]2013

O'Neil, George und Gisela, *Der Lebenslauf. Lesen in der eigenen Biografie,* Stuttgart [4]2014

Prinsenberg, Gabriel, *Der Weg durch das Labyrinth. Biografisches Arbeiten. Begleitung auf dem Lebensweg,* Steinbergkirche 1997

Reitsma, Floris, *In Harmonie mit dem Schicksal. Die Kunst der Lebensrückschau,* Stuttgart 2003

Roder, Florian, *Die Mondknoten im Lebenslauf. Fenster zum Kosmos – Tore der Selbsterkenntnis – Schlüssel zur Biografie,* Stuttgart [2]2007

Ruhe, Hans Georg, *Methoden der Biografiearbeit. Lebensspuren entdecken und verstehen,* Weinheim [5]2012
Ruhe, Hans Georg, *Praxishandbuch Biografiearbeit. Methoden, Themen und Felder,* Weinheim 2014
Spencer, Sabina A.; Adams, John D., *Krisen überwinden und an ihnen wachsen. Eine Anleitung in sieben Schritten,* Stuttgart 2004
Treichler, Markus (Hrsg.), *Biographie und Krankheit. Wendepunkte im Lebenslauf,* Stuttgart 1995
Treichler, Markus, *»Danke, mir geht's gut!« Wie Männer mit Depressionen umgehen,* Esslingen 2004
Voorhoeve, Bert, *Un-Ruhestand. Neue Chancen für das Leben ab 55,* Stuttgart 1999
Wagner, Richard, *Krebs – den Lebensfaden wiederfinden. Psychoonkologie für Arzt und Patient. Übungen und Verfahren,* Stuttgart 2003
Wais, Mathias, *Biographiearbeit – Lebensberatung. Krisen und Entwicklungschancen des Erwachsenen,* Stuttgart [2]2015
Wais, Mathias, *Ich bin, was ich werden könnte. Entwicklungschancen des Lebenslaufs. Aus der Biografieberatung,* Stuttgart [5]2011
Wais, Mathias, *Das Ich findet sich, wenn es sich loslässt. Über den roten Faden im Leben,* Esslingen 2010
Weirauch, Wolfgang u.a., *Doppelgänger. Der Mensch und sein Schatten,* Flensburger Hefte 65, 1999

Bildnachweis

Shutterstock: Umschlagbild (CHAINFOTO24), Seite 8 (Shaiith), Seite 11 (Kolganov Igor), Seite 14 (Zacarias Pereira da Mata), Seite 36 (Hadrian), Seite 106 (xavalote), Seite 111 (MarkMirror), Seite 114 (Elena Dijour), Seite 119 (Mopic), Seite 122 (Miriam Doerr), Seite 125 (vahitdag), Seite 128 (Dirk Ott).